ATLANTIS

DAS VERBORGENE WISSEN
DER WELT

BASTEI
LÜBBE

Der Herausgeber der Reihe
ATLANTIS
Dr. Hans Christian Meiser
ist Philosoph, Schriftsteller und Fernseh-Moderator

Über die Autorinnen:

Victoria Ransom ist Medium, Heilerin und Schamanin. Sie studierte Zen und Tantra und beschäftigte sich mit den spirituellen Traditionen der nordamerikanischen Indianer und denen der antiken Religionen.

Henrietta Bernstein studierte an der University of Southern California und setzte sich danach intensiv mit Mathematik, Physik, Chemie, Philosophie und der kabbalistischen Geheimlehre auseinander. Zusammen mit Victoria Ransom produzierte sie die TV-Dokumentatin »Die verlorene Geschichte der Großen Göttin«.

ATLANTIS

VICTORIA RANSOM • HENRIETTA BERNSTEIN

DAS ORAKEL DER WEISEN FRAU

VOM MYSTERIUM
WEIBLICHER EINWEIHUNG

AUS DEM AMERIKANISCHEN VON
ELUAN GHAZAL

BASTEI LÜBBE

BASTEI-LÜBBE-TASCHENBUCH
Band 70 104

Deutsche Erstveröffentlichung

Originaltitel: The Crone Oracles.
Initiate's Guide to the Ancient Mysteries.
Originalverlag: Samuel Weiser, Inc., York Beach, Maine/USA

Printed in Germany, Januar 1997
Einbandgestaltung: CCG, Köln
Titelillustration: Ender Güzey, München
Satz: MPM, Wasserburg
Druck und Bindung: Ebner Ulm
ISBN 3-404-70104-6

Der Göttin Athene

Athene, du bist die Zerstörerin der Lügen. Du bist die Kriegerin der Wahrheit. Du bringst Ordnung in die Welt, du bist die Weisheit aller Zeitalter. Wir kennen dich als Liebe, Kraft, Schutz und Schönheit. Deine Gegenwart in unserem Leben hat uns erhoben. Du hast unser Herz und unsere Augen geöffnet. Wir danken dir dafür, daß du uns die Möglichkeit geschenkt hast, dieses Buch zu schreiben.

Inhalt

Danksagung

Wir möchten all jenen, die uns bei unserem Vorhaben geholfen haben, unseren tiefsten Dank aussprechen:

Rosalyn Bruyere, Lehrerin, Schwester und Hohepriesterin, die mit ihren unermeßlichen Geschenken viele Menschen inspiriert und Maßstäbe für uns alle gesetzt hat.

Marie Hall danken wir für alles, was sie uns über »Liebe und Wahrheit« (bedingungslose Liebe) und über das Verständnis des Weiblichen gelehrt hat. Wir danken dir Marie, daß du uns durch dein eigenes Leben ein so wundervolles Beispiel gegeben hast.

Alan Bernstein, Harry Kleiner, Marie Noerdlinger, Jamie O'Toole, Ruth Strassberg und Robert Sweitzer danken wir für ihre klugen Kommentare und Argumente.

Alan Bourgeois, Simi Dabah und Harriet Levinson danken wir für ihre Arbeit am Computer.

An Carol Okuda und Magdalene Athena ein ganz besonderes Dankeschön für eine Unterstützung, die von Herzen kam, für Inspiration und Schreibarbeiten.

Auch an Anna Bernstein und Ceil Gruessing herzlichen Dank für ihre Liebe und zuallerletzt und vor allem an Norman Bernstein für seinen lebendigen Humor und den gut gefüllten Kühlschrank.

Einführung

Athene ist die Göttin der Weisheit, ihr Licht und ihre Wahrheit umhüllt dieses Buch. Sie ist die Muse, die uns beide, die wir nach zeitübergreifender Weisheit suchten, zusammengebracht hat. Athenes Führung in der Welt der Menschen ist nun wieder zugegen, und zwar durch die Erzählerin, die wir die Weise Frau von Eleusis nennen.

Die Weise Frau oder Großmutter, wie wir sie liebevoll nennen, unterrichtet die Seelen in längst vergessenen Mysterien. Ihre Mission ist es, die Weisheitslehren der antiken Mysterientempel wiederzubeleben – ein System aus theoretischen und praktischen Prozessen, die den Weg zu spiritueller Erleuchtung öffneten. Es ist nicht auszuschließen, daß Sie in einem früheren Leben zu den »Eingeweihten«, den »Erwählten« gehörten, die sich in das geheime esoterische Wissen des Lebens versenkt haben. In diesem Buch lassen wir die Stimme der Weisen Frau sprechen, und sie wird Ihnen Einweihungsgeschichten aus Eleusis erzählen, die vor 3000 Jahren stattgefunden haben. Wir hoffen, daß ihre Geschichte Ihnen helfen wird, sich mit dem Göttlichen zu verbinden und Balance und Harmonie in Ihr gegenwärtiges Leben zu bringen. Dieser Vorgang wird als Einweihung bezeichnet. In dem vorliegenden Buch erklärt die Weise Frau die Polaritäten des Weiblichen und Männlichen. Um eine Einheit mit dem Göttlichen zu erreichen, müssen diese Polaritäten im menschlichen Wesen balanciert werden. Das antike Wissen um die Polaritäten und ihre

Wirkung auf die spirituelle Evolution des Menschen spiegeln die wichtigsten Lehren der Mysterien wider.

In diesem Buch werden auch Erinnerungen an Ihre früheren Leben und an Einweihungen erweckt werden. Die Informationen über die Einweihungen werden dazu beitragen, daß Sie sich Erinnerungen an Ihre uralten spirituellen Fähigkeiten wieder vergegenwärtigen können.

Während der gesamten Geschichte unseres Planeten und der Menschheit gab es in jeder Kultur Mysterienschulen. Das Wissen wird transparent: Ob in den ältesten paläolithischen Höhlenzeichnungen, den ägyptischen Pyramiden, den prachtvollen Marmortempeln von Griechenland, den wolkenumhüllten Klöstern von Tibet, den Steinmalen in Irland oder den unterirdischen Kivas im Südwesten Amerikas. Denn jede Kultur hat sich bemüht, ihre besten und intelligentesten Mitglieder in die tiefen Lehren des Kosmos einzuführen. Darum geht es in allen Mysterienschulen.

Aber was genau ist eine Mysterienschule? Traditionellerweise ein Ort zum Lernen, Heilen und zur Einweihung in höhere Bewußtseinszustände. Dabei wurden die unterschiedlichsten Methoden verwendet, z. B. Meditation, Kampfkünste, übersinnliche oder mentale Übungen, rituell-zeremonielle Praktiken, höhere Mathematik und manchmal sogar die Einnahme von bewußtseinsverändernden Drogen. Aber zu welchem Zweck? Um Meisterschaft über die Weisheit und das »verborgene« Wissen des Universums zu erlangen, und in manchen Fällen auch die Vereinigung mit dem Göttlichen.

Viele Leser stellen sich eine Mysterienschule vielleicht als großes Gebäude mit marmorverkleideten Säulen und prächtiger Architektur vor, wie etwa die Tempel von Eleusis, andere denken etwa an die erhabenen, intellektuell höchst anspruchsvollen Lehren der pythagoreischen Schule. Aber die Kulturanthropologen wissen auch über die intensiven Mysterienschulungen von Indianerstämmen im Amazonasgebiet zu berichten, wenn sie ihre Verbündeten aus dem Tierreich suchen, oder von jahrelangen Übungen der Kalligraphie in japanischen Zen-Tempeln, die schließlich zu *Kensho* – dem Augenblick der Erleuchtung – führen. Dazu kommt noch die Tradition des Geschichtenerzählens und der Traumzeitmalerei, wobei die Kosmologie des Universums von einer Generation zur anderen übermittelt wird.

Während der sechziger Jahre hat die amerikanische Rock-'n'-Roll-Subkultur mit drogeninduzierten Bewußtseinsveränderungen experimentiert, die als eine Art moderner Mysterienschule fungierten. Dies führte in der Folge zu einer massenhaften Bewußtwerdung bezüglich östlicher Philosophien, hermetisch-esoterischen Wissens und schamanischer Eingeborenenweisheit. In diesen Tagen schien es, als führte jeder eine Ausgabe von Carlos Castanedas Buch über den listenreichen Weisen Don Juan und sein Yaqui-Wissen mit sich. Es wurde zu einer Pflichtlektüre für alle, die »den Weg betreten« wollten.

»Den Weg betreten«, um das Wissen zur Selbsteinweihung zu erwerben, wurde zu einem Modebegriff in der New-Age-Bewegung der siebziger Jahre. Tausende versuchten ihre eigenen Curricula zu entwerfen, um den Verlust an Bildung wettzumachen, die die alten Mysterienschulen einst vermittelten. Für den modernen Weisheits-Sucher sind das gute Nachrichten. Die geheimen Auswahlprozeduren, die auf elitärer Abstammung oder Privilegien beruhten, gibt es heute nicht mehr. Genausowenig die Geheimgesellschaften und die Drohung mit Ausschluß oder Tod, sollte ein Mitglied das »geheime Wissen« öffentlich preisgeben. Denn Geheimnisse erzeugen nur Geheimnisse, und die Wahrheit wird auf diese Weise in die Sklaverei gezwungen.

Das Zeitalter des Wassermanns läßt keine Geheimnisse mehr zu. Keine Lernprozesse mehr, die unter dem Schutze der Dunkelheit stattfinden, jeder hat ein Recht auf Erleuchtung und das sogenannte »Geheimwissen«. Das bedeutet nicht weniger als menschliche Evolution! Die ganze Menschheit hat nun ein Recht auf höheres Bewußtsein – nicht nur einige wenige Auserwählte, die sich als »Eingeweihte« bezeichnen. Wir alle sind Eingeweihte, die danach streben, das Göttliche in uns zu schauen und das Göttliche außerhalb von uns zu berühren.

Wenn Sie dieses Buch lesen, so lesen Sie es mit Ihrem Herzen! Es wurde geschrieben, um Sie in den *Prozeß der Einweihung* zu führen. Es soll Ihren Verstand, Ihr Herz und Ihren Geist für eine Sicht der Wirklichkeit öffnen, die es seit den Zeiten der antiken Tempel Griechenlands und Ägyptens nicht mehr gegeben hat. Es liefert Ihnen Informationen, damit Sie sich physisch und intuitiv auf die weiblichen Aspekte in Ihrem Inneren einstimmen können. Es handelt von allen Aspekten des Weiblichen, und zwar auf eine Weise, daß es sich nicht nur auf die weiblichen Mitglieder unserer Gattung, sondern auf alle menschlichen Wesen bezieht.

Als wir dieses Buch reifen ließen, war es für uns selbst eine Herausforderung. Wir hörten auf, Autorinnen zu sein und wurden zu Schülerinnen. Die Lehren dieses Buches kamen uns zugute und verwandelten unser Leben. Wenn Sie es lesen, wird Ihr Bewußtsein stimuliert, herausgefordert und von Ehrfurcht berührt werden. Lassen Sie die Worte der Weisen Frau wie einen Fluß durch Ihr Leben fließen, und die Reise wird schnell vonstatten gehen. Vielleicht wird es Felsen und Hindernisse geben, vielleicht werden Sie uns sogar Ihre Zustimmung verweigern, aber Ihr Geist wird in Bewegung geraten.

Victoria Ransom und Henrietta Bernstein,
Los Angeles, California

Vorwort: Die Weise Frau von Eleusis – Die Stimme der Göttin

Ich bin es, die spricht. Ich bin die Weise Frau von Eleusis, Hohepriesterin und Einweihungspriesterin im Mysterientempel. Die Geschichte, die ich erzähle, ist eine Erinnerung. Ich stelle Ihnen meine Einweihungserfahrungen und ein Kompendium von antiken Weisheitslehren vor, das einst die »Verschleierten Mysterien« hieß.

Dieses Buch enthält die Einweihungslehren und Schulungsmethoden, die einstmals nur an fortgeschrittene Eingeweihte im Mysterientempel von Eleusis in Griechenland vor mehr als dreitausend Jahren weitergegeben wurden.

Das Kompendium des Wissens beruht auf der spirituellen Orientierung einer Religion der Göttin oder der »Großen Mutter«, wie sie genannt wurde.

Diese Lehren sind sowohl für Männer wie auch für Frauen bestimmt – für alle Menschen,welche die Tore der Seele, des Herzens und des Geistes öffnen wollen. Die Öffnung dieser Tore führt zu Erleuchtung – zur Heiligen Hochzeit mit dem Göttlichen.

Zu meiner Position kam ich durch den Schwesternbund der Themis. Meine erste Schulung bestand darin, daß ich die natürlichen Quellen und heiligen Plätze rund um Delphi pflegen mußte. Um für die Energiewirbel und die heiligen Plätze der Erde zu sorgen, war ich mit Gaia, dem großen Geist der Mutter Erde verbunden, um ihre Methoden, ihre Vision und ihre Weisheit zu erfahren. Mit fünfzehn wurde ich rituell an den Einweihungsweg der Göttin gebunden.

Als ich meine erste Schulung vollendet hatte, wurde ich zum Tempel von Delphi gebracht, und dort lernte ich das heilige Feuer und den heiligen Altar zu hüten. Durch die Verehrung des Feuers gewann ich auch Wissen über die Lebenskraft. Durch die Verehrung des Altars lernte ich das Selbst zu achten.

Nachdem ich diese Aufgaben gemeistert hatte, wurde ich zur Seherin oder Orakelprophetin ausgebildet. Diese Einweihung wurde als »Abstieg in die Finsternis« bezeichnet, sieben Jahre lang wurde ich darin geschult, in die Zeit zu schauen (von 14 bis 21). Als ich einundzwanzig Jahre alt war, wurde ich von der Dunkelheit befreit und durfte wieder nach oben zur Erdoberfläche zurückkehren.

Von 21 bis 28 arbeitete ich in den Feldern. Rings um mich entfaltete sich das Leben und explodierte in großer Freude und Ausgelassenheit. Ich erfuhr von den Geheimnissen der Natur, von Geburt, Leben und Tod. Mit 28 kam ich wieder in den Tempel zurück. Zu dieser Zeit durchlief ich einen Prozeß, der mein Schicksal enthüllen sollte. Zwischen 27 und 28 wurden mir verschiedene Orakelstätten gezeigt. Mit 35 ging ich nach Ägypten und erlernte die Geheimnisse und Weisheiten der Isis. Als ich diese Studien beendet hatte, wurde ich wieder nach Griechenland zurückgebracht, um mein Schicksal zu erfüllen, das mir bereits durch verschiedene Einweihungsprozesse in Delphi, Alexandria, Heliopolis und in der Großen Pyramide enthüllt worden war.

Während meines Aufenthaltes in Ägypten gewann ich viele Freunde, und ein sehr bedeutender Lehrer der Isismysterien, der später der Leitende Hohepriester des Pharao wurde, nahm mich unter seine Fittiche. Sein Name war Amenophis Ta Atun. Er war ein zutiefst erleuchteter Seher und Heiler. Das Blut von Atlantis rann in seinen Adern, und er lehrte mich viele Dinge. Er wurde auch mein Liebhaber.

Amenophis Ta Atun hatte eine hohe Bestimmung. Dies war ihm durch eine astrologische Prophezeiung vorhergesagt worden. Mir wurde prophezeit, daß ich nach Griechenland zurückkehren müsse, um einen großen Tempel zu leiten, der erst gegründet werden mußte. Dieses Schicksal, so hieß es, würde mit großen Umwälzungen verbunden sein. Es war ein trauriger Augenblick, als ich in der Pyramide diese Vision hatte. Während meiner Arbeit mit Amenophis sah ich viele prophetische Bilder, die meinen Schwestern nicht gezeigt wurden. Er nahm mir den Schwur ab, daß ich sie geheimhalten müsse, denn wenn ich dieses Wissen äußern würde, so entstünde daraus Aufregung und Angst. Ich mußte unter einem Gelübde des Schweigens arbeiten, das für mich sehr belastend war.

Nach meinen ägyptischen Einweihungen kehrte ich in mein geliebtes Delphi zurück. Zu dieser Zeit ereignete sich eine seltsame Tragödie: gewisse Apollopriester und andere Personen, die Delphi in ihren Besitz bringen wollten, vergifteten einen Brunnen. Außerhalb des großen Stadtstaates war Krieg, deshalb hätte ihnen die Kontrolle über Delphi politisch genützt. Fast alle Weisen Frauen starben, es kam zu großen Verlusten in der Hierarchie des Schwesternbundes der Themis. Deshalb mußten nun die Jüngeren Delphi leiten. Denjenigen, die die geheiligte Hierarchie von Delphi vergiftetet hatten, kam das lächerlich vor. Sie glaubten, daß wir Jüngeren auf ihre Befehle eingehen würden. Sie hatten ja keine Ahnung, wie wir einander schulten – daß wir Delphi auch führen konnten, wenn wir erst 10 Jahre alt waren. Und das Allerbeste war, daß sie zwar zwanzig Hohepriesterinnen vergiften konnten, daß diese aber weiter aus dem Grab beratend eingreifen konnten! So kann man sich also vorstellen, welche Alpträume die Mörder quälten.

Wir jungen Eingeweihten dagegen hatten die besten geistigen Führer der Welt!

Natürlich wußten wir, daß es keinen Tod gibt, aber dennoch war dies ein Schlag für die jüngeren Mitglieder, und es machte uns angst, da wir nicht wußten, ob sie uns auch töten würden. Dennoch war ich selbst im Zustand des Wissens, da ich ja die Prophezeiungen in den Hallen der Schrift in Ägypten gesehen hatte. Ich wußte von diesen Dingen, und ich wußte auch, daß es rund um Delphi noch fünfzehn Jahre der Not und der Wirren geben würde.

Viele von den Apollopriestern, die nun Delphi in Besitz nahmen, waren die reinsten Ausbeuter. Sie waren weder begabt noch in der Kunst der Prophezeiung geschult, und mußten sich deshalb zu diesem Zweck an uns wenden. Die Mythologie behauptet heute, daß wir auf einem Dreifuß saßen und Dämpfe einatmeten. Nein, das war nur Weihrauch, mit dem der Ort gereinigt wurde, an dem der Mord stattfand. Tatsache ist, daß zwar die Priester draußen standen und das »interpretierten«, was wir sagten, aber in Wirklichkeit bedurfte unsere Prophezeiung keiner Interpretation!

Es gab einige geistesverwirrte Frauen, die aus ihrem Wahnsinn prophezeiten – jene kreischenden »Weiber«, von denen man in den alten Texten liest. Da der Orden der Apollonier uns nicht kontrollieren konnte, zwang man uns, die geistesverwirrten Frauen heranzuziehen und sie als Orakelpriesterinnen zu benutzen. Sie setzten sie auf den Dreifuß, und ganz egal, was diese Frauen herausschrien – die Priester sagten, was immer sie sagen wollten. Auf diese Weise manipulierten sie das Orakel von Delphi.

Aber die Führer der Stadtstaaten und weise Menschen verlangten immer nach den ursprünglichen Mitgliedern des Schwesternbundes, weil wir wirklich »sehen« konnten. Der Kampf dauerte viele Jahre lang. Sie versuchten das Orakel zu manipulieren und den Schwesternbund zu kontrollieren, bis dann irgendwann die Übeltäter, die die Morde begangen hatten, wegstarben oder als Betrüger entlarvt wurden. Obwohl der Tempel nun noch immer durch die Apollopriester geleitet wurde, war Delphi doch intakt geblieben, und der Schwesternbund der Themis blühte und regenerierte sich in der ganzen Gegend. Er konnte nicht vernichtet werden.

An einem wunderschönen goldenen Sommertag saß ich auf einer Terrasse in Delphi. Ein sanfter Wind fächelte die Blätter der Bäume unter einem wunderbar blauen Himmel. Alles war harmonisch, außer daß ich am Morgen geträumt hatte, daß ein goldgekleideter Reiter kommen und uns besiegen würde. Mein gewohntes Leben würde zu Ende gehen, und ich würde mein Heim in Delphi verlassen und nach Eleusis reisen (das damals noch einen anderen Namen trug, es war ein heiliger Platz, an dem ein Märtyrer gestorben war). Tatsächlich kam an diesem Morgen ein Reiter den Berg herauf, und er war auch wirklich mit den goldenen Gewändern eines Königs bekleidet. Der Botschafter teilte uns mit, daß der König von uns verlangte, einen Tempel für die Große Mutter zu bauen, weil er eine Vision gehabt hatte.

Dieser König war geboren worden, während sich sein Vater auf einem Kriegszug befand. Seine Mutter starb bei seiner Geburt, und dennoch wurde er befreit. Er spürte, daß seine Mutter starb, um ihm das Leben zu geben. Schon in frühen Jahren schwor er, die Große Mutter-Göttin zu verehren. Auf einem Kriegszug hatte er einen günstigen Traum: Seine Mutter kam zu ihm und sagte: »Gründe einen Tempel für mich, in dem die Menschen die Mutter verehren können, denn überall entbrennen Kriege, und sie sollten sich an die Mutterschaft erinnern.« Deshalb sandte er einen Botschafter zum

Schwesternbund von Delphi und versprach, daß er aus seiner Kriegsbeute große Geldmengen spenden würde, damit ein großer Einweihungstempel und eine Stadt erbaut werden könne, die voll und ganz den Mysterien der Göttin und ihrer Ehre gewidmet sein sollte.

Natürlich waren wir hocherfreut: ein Traum hatte sich erfüllt! Ich wußte, daß es geschehen würde, da mir dies schon in mehreren ägyptischen Orakeln gezeigt worden war. Wir wußten, daß wir, um diese große Stadt zu gründen, alle unsere Leute und unsere Kräfte in Delphi ausschöpfen mußten. Aber darauf hatte ich mich vorbereitet – ich hatte zusätzliche Novizinnen aufgenommen. Ich wußte, daß einige, wenngleich nicht viele Seherinnen in Eleusis gebraucht würden. Wir konnten unsere guten Seherinnen in Delphi zurücklassen und einige von den erfahrenen Weisen Frauen mit uns nach Eleusis nehmen.

Ich verkündete, daß ich diese Aufgabe nur unter der Bedingung übernehmen würde, daß wir auch einige Priester aus dem ägyptischen Isistempel zeitweilig in Dienst nehmen könnten. Der König antwortete: »Natürlich, denn Isis ist ja die Große Mutter!« So kam ich wieder nach Ägypten. Das sollte meine letzte Reise in dieses Land sein.

Amenophis war gerade zum Oberpriester des Hauses der Isis ernannt worden und war zu dieser Zeit der geheime und wichtigste Berater des Pharao. Ich ging zum Pharao und zu Amenophis, und wir sprachen lange über diese Angelegenheit. Und wir hatten Glück: der Pharao war Isis sehr ergeben und gab uns vier Priesterinnen – nicht Priester, sondern Priesterinnen –, was ein großes Opfer für Ägypten und den Tempel war. Sie hatten nicht viele Frauen, die in dem Ausmaß geschult waren, wie es bei uns der Fall war.

Sie kamen also mit mir, um mir bei der Gründung der Mysteriendienste von Eleusis zu helfen. Nun werden Sie fragen: Und was war mit den Apollopriestern? Nun, die

Götter waren auch jetzt wieder freundlich. Der neue Oberpriester des Apollo war ebenfalls in Ägypten geschult worden und der Isis sehr gewogen. Sie schickten uns zwei junge Novizinnen. Als wir unser Eleusis gründeten, hatten wir vier Priesterinnen, zwei Apollopriester aus Gailos, und weitere zwei Priesterinnen außer mir. Dann rekrutierten wir Menschen aus ganz Anatolien und Kleinasien, die die Große Mutter unter verschiedenen Namen und Gestalten verehrten. Allen sagten wir: »Schickt uns eure Söhne und Töchter, damit sie in die geheime Weisheit der Göttin eingeweiht werden können.« Dann erstellten wir Tempelrituale, die den ägyptischen Traditionen glichen. Dies ist also die Geschichte der Gründung von Eleusis.

Jetzt möchte ich Sie über die Schulungsphasen und -methoden der Eingeweihten informieren. Ich glaube, daß das Wissen über die alten Schulungsmethoden sehr wichtig ist. Nicht weil sie übermäßig exakt waren oder weil man sie in einer modernen Mysterienschule kopieren oder neu einsetzen sollte, sondern weil viele von Ihnen diese Einweihungen durchlaufen haben, und Ihre Erinnerung aufgefrischt werden sollte. Diese Informationen werden viele Erinnerungen bei den Lesern und Leserinnen wachrufen; sie werden ihre alten spirituellen Fähigkeiten und ihre Einweihungsschulungen in ihr jetziges Leben zurückrufen.

Diese Erinnerung findet jetzt statt, weil wir in ein neues Zeitalter eintreten. Dieser gegenwärtige karmische Zyklus erlaubt den Menschen, ihre eigenen Priester und Priesterinnen zu sein und ihre eigenen Lotosblumen zu öffnen, anstatt sich an einen Tempel, eine Organisation oder ein Dogma zu klammern, um die Erleuchtung zu erlangen. Das ist die wirkliche Revolution, und sie findet jetzt statt. Sie entzieht der Priesterklasse die Macht und schenkt sie dem Herzen der ganzen Menschheit.

Zwischen dem vierzehnten und einundzwanzigsten Lebensjahr gab es unterirdische Einweihungen, den »Abstieg in die Finsternis«. Warum gerade in diesem Alter? Wegen der Hormone. In dieser Zeitspanne ist das innere Feuer so wild wie ein ungezähmtes Pferd und kann leicht geschult und kanalisiert werden. Normalerweise wurden die jungen Männer in den Krieg geschickt und die jungen Frauen verheiratet, aber es gab aufgeklärte Eltern, die sich auch eine andere Alternative vorstellen konnten. Sie sandten ihre Söhne und Töchter zur Schulung in den Tempel. Wenn man als Waisenkind im Tempel aufwuchs, fand die Schulung lange statt. Aber während der Pubertät begannen alle ihre Schulung in der Höhle.

Über das Labyrinth und die Höhle ist viel gesagt worden. Natürlich gibt es viele Mythen und Horrorgeschichten, die mit der Prüfung im Labyrinth oder dem Höhlentraining in der Dunkelheit zu tun hatten. In späteren Zeiten diffamierten die Apollopriester und die Christen die Mysterien der Großen Mutter. Viele Christen der Frühzeit trafen sich in Höhlen. Sie wollten die Kontrolle über die Höhlen den früheren Gläubigen entreißen. Oftmals wurden wir angeklagt, geheime orgiastische Rituale oder verbrecherische Taten in der Dunkelheit zu vollführen. Es ist so leicht, Menschen zu beschuldigen, daß sie im Dunkeln Schlechtes vollbrächten!

Jeden Tag gewöhnten wir unsere Kinder daran, für einige Stunden in der Dunkelheit zu verweilen. Durch verschiedene spielerische Übungen lehrten wir sie, mit ihren Sinnen auch im Dunklen zu sehen und physisch zu funktionieren, so daß sie dort unten keine Gefahr für den Körper zu fürchten brauchten.

Wie ich bereits erwähnte, konnten diejenigen von uns, die unter der Erde lebten, auch ihre Sinneserinnerungen schulen: im Dunklen zu sehen, zu fühlen, zu riechen. Mit anderen Worten: Wir schulten all unsere Sinne, damit sie optimal funktionierten. Dann begannen wir die Augen daran zu gewöhnen, die Energiemuster der Lebenskraft auch in vollständiger Finsternis zu sehen. Nun muß ich zugeben, daß wir gelegentlich mit Drogen arbeiteten. Wir nahmen nicht viel, nur ein klein wenig, um die Sinne zu entspannen und zu öffnen. Es handelte sich um eine Art Wein mit etwas Kräutern darin; der Wein entspannte, und die Kräuter schärften die Sinne. Eine kleine Menge davon auf leeren Magen getrunken, ermöglichte es, ohne große Schwierigkeiten zu »sehen«. Später bedurfte es dieses Getränkes nicht mehr, und am Ende der Schulungszeit brauchten sie überhaupt nichts mehr, um im Dunkeln übersinnlich wahrzunehmen.

Wir sind im Laufe der Geschichte beschuldigt worden, Menschen zu mißbrauchen, aber das war nicht der Fall. Natürlich ließen wir die Novizen nur zu bestimmten Zeiten am Abend nach draußen, sie mußten unter der Erde leben. Das bedeutete, daß die Eingeweihten in höhlenartigen Kammern wohnten und nur bei Sonnenuntergang herauskommen konnten. Wenn die Sonne dann aufging, mußten sie wieder zurück in die Kammern. Viele Monate lang lernten sie die Nacht kennen. Wir bildeten sie darin aus, den Mond zu lesen und mit Pflanzen, Tieren zu kommunizieren. Wir lehrten sie, wie sie die Sterne lesen und die Jahreszeiten voraussagen konnten. Während dieser Zeit wurde die Wissenschaft von Mutter Natur vermittelt. Sie können sich einfach nicht vorstellen, wieviel sie lernten. Sie konzentrierten sich nicht mehr auf den Tag, vielmehr wurde die Nacht zu ihrem Verbündeten. Auf diese Weise wurde die Angst vor der Finsternis hinweggenommen.

Was die gesundheitlichen Aspekte der Novizen betraf, so verbesserten wir ihre Diät, und sie vollzogen auch Körperübungen. Dies schien kein Problem zu sein. Wir kamen zu dem Schluß, daß sie in manchen Jahreszeiten, etwa im Winter, früher nach oben kommen konnten. Nicht alle von ihnen vermochten sich an diese Disziplin zu halten. Es gab auch viele, die heimliche Extratouren unternahmen. Aber wir hatten letztlich nichts dagegen, wenn sie die Sonne brauchten. Und dann gab es bestimmte Personen, die mit der Dunkelheit weder psychologisch noch spirituell umgehen konnten. Diese entließen wir rasch. Können Sie die Weisheit dieser Ausbildung verstehen?

Wer mit der Dunkelheit nicht umgehen konnte, würde auch das mediale Training nicht verkraften. Wenn man sich in das Reich des Übersinnlichen begibt, so heißt das, daß man sich zuallererst ins Reich der Dunkelheit begeben muß. Wenn Sie sich im Astralbereich bewegen, gibt es kein Licht, sondern nur Essenz. Die Dunkelheit diente dem medialen Training. Wir schulten nachts, wenn die übersinnliche Interferenz des Tages zum Stillstand gekommen war, und die Anziehungskraft der Sonne das Minimum erreicht hatte. Wir lehrten die Novizen, sich zu bilokalisieren, sich auf die astrale Ebene zu projizieren und Astralreisen zu unternehmen. Wir unterrichteten sie in Telepathie und Psychometrie. Wir bildeten sie darin aus, in den Körper zu sehen, und auch nachts die Umgegend wahrzunehmen. Mit anderen Worten: Sie lernten, in alle Bereiche des Lebens und des Jenseitigen zu sehen.

Einige von ihnen wählten wir für die Trancearbeit aus. Heilige Besessenheit (Trance) gab es nur für einige wenige Auserwählte. Wir fanden sie durch Astrologie und Omen. Wir konnten ziemlich schnell erkennen, wer die Geister in der Nacht sehen konnte. Und die Betreffenden wurden dann darin ausgebildet, mit Toten Kontakt aufzunehmen, ohne sich zu fürchten. Dieser Ausbildungsgang war sehr anspruchsvoll. Die erste Aufgabe bestand darin, den Priesterinnen bei ihrer Arbeit mit den

Sterbenden beizustehen. Sie mußten die körperliche Sterblichkeit beobachten. Während sie den Menschen beim Sterben zusahen, erlebten sie Geister und Wesenheiten aus anderen Dimensionen, und dadurch konnten sie die Furcht überwinden. Um als Medium ausgebildet zu werden, arbeiteten die Eingeweihten mit den Sterbenden und den Todkranken. Die nächste Phase bestand darin, mit den sich auflösenden Körpern der Verstorbenen zu arbeiten und mit den kürzlich Verschiedenen in Kontakt zu treten.

Diese Eingeweihten lernten auch, zusammen mit ihren Lehrern zu meditieren. Wenn neben dem Leichnam meditiert wurde, lernten sie, die Seelen zum Licht zu führen. Sobald wir sicher waren, daß die Eingeweihten dies gemeistert hatten, schickten wir sie zu einem abgelegenen Tempel im Hinterland. In dieser Isolation lebten sie Seite an Seite mit ihrem Lehrer und erlernten die heilige Besessenheit oder Medialität in Trance – ganz allein, ohne Ablenkungen. Sie wurden gut ernährt und versorgt und übten drei Monate lang jeden Tag. Zunächst wurden sie zum Medium für den Geistlehrer ihres Lehrers, und am Ende der drei Monate wurden sie mit ihrem eigenen geistigen Lehrer bekanntgemacht. Sie praktizierten sieben weitere Tage, gingen dann zurück zum Tempel und praktizierten einen weiteren Monat mit ihrem geistigen Lehrer. Danach kam die Prüfung vor den sieben Tempelältesten.

Nun können Sie sich natürlich vorstellen, daß es nicht gerade leicht ist, vor den Tempelältesten Botschaften aus dem Jenseits zu empfangen. Deshalb hatten die Eingeweihten nicht nur einen Versuch, sondern sieben Tage bzw. sieben Sitzungen, also eine Sitzung pro Tag, bei der sie ihre Fähigkeiten zeigen konnten. Wir wußten, daß sie uns spätestens zu Ende dieser sieben Tage ihr Potential zeigen würden, normalerweise geschah es während der zweiten oder dritten Sitzung. An diesem Punkt diskutierten und entschieden wir Tempelältesten darüber, in welcher Funktion das betreffende Medium am besten arbeiten konnte. Bei manchen war ganz klar, daß sie selbst Lehrer werden würden. Andere waren offensichtlich für das Heilen und die Übergänge geeignet: für die Herbeirufung der Seelen bei der Zeugung und die Begleitung der Sterbenden ins Jenseits. Wieder andere waren deutlich als Prophetinnen begabt. Mit anderen Worten, alle hatten ihre eigene Art, ihre Medialität einzusetzen. Einige gingen fort, um selbst ihre eigenen Tempel zu leiten. Wir bildeten sie äußerst gründlich aus. Dann erlaubten wir ihnen, nur beschränkt, also einmal pro Woche, oder einmal im Monat als Medium zu fungieren, und bildeten sie außerdem in Verwaltungsmethoden aus.

Zu dieser Zeit hatten sie bereits das reife Alter von 18 oder 19 Jahren erreicht. Sie werden sich sicher erinnern, daß nun weitere Jahre in der Dunkelheit folgten. Die letzten Jahre – von 19 bis 21 – waren die tiefsten Einweihungen. Jede Schülerin durchlief nun eine Initiation, die der in den Pyramiden glich. Sie unterzogen sich ungeheuren extrakorporellen Übungen, wie etwa in wundersame Reiche der Höhe zu fliegen und dort auch zu kommunizieren. Diese Erfahrung war in gewisser Weise wie ein Aufstieg zur Erleuchtung oder auch das Herabführen der Erleuchtung nach unten. Von 18 bis 21 Jahren waren alle Initiandinnen an diesem Punkt angelangt, und sie arbeiteten intensiv an ihrem eigenen Karma. Am Ende dieser zwei oder drei Jahre kannten sie ihren Charakter, ihr Karma und die Verhaltensmuster, die ihre Erleuchtung blockieren konnten. In diesem Zeitraum konzentrierten sie sich also sehr auf sich selbst. Vor der letzten Einweihung in der Dunkelheit wurden sie in allgemeinen übersinnlichen Methoden geschult, die sie auf andere anwenden konnten. Aber die beiden letzten Jahre waren eine Erfahrung, in der sie Demut lernen konnten. Immer wieder zeigten wir ihnen den Spiegel ihrer eigenen Seele. Sie wußten genau, an welcher Stelle sie in der Evolution ihres Lebens standen. Wir waren der Meinung, daß wir dies tun mußten, sonst hätten wir Monster erzeugt, Tyrannen, die ihre heiligen Kräfte mißbrauchen würden.

Zu dieser Zeit brachen viele das Studium ab. Einige konnten nicht damit umgehen, daß wir sie in den spirituellen Spiegel blicken ließen. Dieser Einweihungsvorgang bedeutete, daß man sich mit den Dämonen der eigenen Seele auseinandersetzte. Vielleicht haben Sie schon bemerkt, daß viele Menschen an diesem Punkt ihrer psychospirituellen Entwicklung steckenbleiben. Ist das nicht interessant? An dieser Stelle der Einweihung gibt es eine ganze Generation von DropOuts. Sie haben den Spiegel nicht ertragen und ihre Einweihung versäumt. Das ist das Karma der Seelenebene. Jene, die in den Spiegel geblickt haben, und sich weigerten, die Dunkelheit und das Licht im Inneren zuzugeben, müssen sich in jedem darauffolgenden Leben *immer und immer wieder* damit konfrontieren. Genauso war es auch bei der Entstehung dieses Buches: Diese beiden DropOuts sind nach Tausenden von Jahren des Kampfes endlich so weit und willens, in diesen spirituellen Spiegel zu blicken und die Dämonen in ihrer Seele zu umarmen. Es ist eine schwierige Aufgabe, aber die Belohnung ist groß. Jene, die den Spiegel überwinden, haben nur noch *einen* Tod und sind auf ewig von Furcht befreit.

Wenn die Eingeweihten dann den inneren Spiegel akzeptiert und in ihr Selbst integriert hatten, begann das »Große Werk«. Diese Eingeweihten waren dann frei, um ihre eigene Beziehung zum Göttlichen zu verfeinern und zu schleifen.

Und nun wurden die Eingeweihten in das Allerheiligste, den innersten Sakralbezirk des Tempels geleitet.

Umringt von denen, die ihr Karma gemeistert hatten, waren diese Zweimal-Geborenen nun offen und bereit, um ihr Abschlußritual zu empfangen.

Vorüber waren die Zweifel, die Widerstände und die Ängste. Hier standen die Besten und Strahlendsten der antiken Welt, aufrecht und bereit. Sie standen Seite an Seite, so eng nebeneinander, daß ihr Atem eins wurde. Und aus der Gruppe erhob sich ein Bewußtsein. Ein Atem, ein Herz, ein Geist.

In all den vorangegangenen Einweihungen war das Werk der einzelnen Personen an sich selbst betont worden. In diesem ungeheuren Augenblick aber wurde das Bewußtsein der Initiandin mit dem einer Gruppe von anderen Suchenden verbunden. Die Kraft der Gruppe erzeugte ein viel größeres Tor – viel mächtiger, als eine einzelne Person es vermocht hätte. Schon das war in sich eine wichtige Lektion, denn auf dieser Ebene des Bewußtseins existiert die Erleuchtung nicht mehr im Reich des Individuellen, sondern in der unteilbaren Einheit aller Existenzen und in der Kraft, die diese Erleuchtung verleiht.

In dieser alten Zeremonie wurde eine große Macht angerufen – aber nur nachdem ein Eid geleistet wurde, daß diese Kraft für das Gute verwendet werden sollte. Dieser Eid wurde für viele spätere Leben unauslöschlich in die Seele geprägt. Viele haben diesen Eid geleistet, an dieser Bindungszeremonie, dieser erquickenden Verbindung der Seele mit der Macht der Göttin teilgenommen. Und dennoch hat die Welt die Große Mutter und die innere Stimme, die Frieden und Erleuchtung bringt, vergessen. Sie hat vergessen, wie sie geartet ist und wie sie agiert. Die Menschen haben sich von der Göttin in ihrem Inneren, diesem weiblichen Teil in allen Menschen, entfremdet. Deshalb warte ich. Ich warte auf jene, die gerne zuhören möchten. Dies ist meine Geschichte, und dies sind meine Lehren.

Kapitel 1: Der Weg der verschleierten Mysterien

Man glaubt, daß irgendwann einmal in der Geschichte das Weibliche verehrt wurde, und daß man es »die Göttin« nannte. Oftmals wurden die Einweihungsrituale der verschleierten Mysterien nicht dem Weiblichen, sondern männlichen Göttern zugeschrieben. Die inneren Lehren der Göttin wurden immer vor der Öffentlichkeit verborgen. Das waren geheime Einweihungen, die nur denjenigen zuteil wurden, die bereits initiiert waren, oder jenen, die sich ihren Weg ins Innere durch Bestechung erkauft hatten – die Machthaber und Privilegierten. Warum? Weil die Menschheit im allgemeinen weder physisch noch mental soweit entwickelt war, daß sie mit der Vereinigung der männlichen und weiblichen Energie umgehen konnte, die in den Kanälen der Lebenskraft innerhalb des Körpers vorhanden ist.

Es gab einmal eine Unterscheidung im Bewußtsein der Menschen. Da gab es jene, die von Atlantis und von Kolonien in den äußeren Bereichen der Milchstraße abstammten. Diese Menschen hatten in ihren ätherischen Systemen die biologische Fähigkeit, sich mit den nichtphysischen Dimensionen oder Räumen zu verbinden. Zum anderen gab es jene, die vom Planeten Erde selbst kamen, eingeborene Rassen, deren Zellstruktur aus Gaia stammt. Diese Rassen sind eng mit den Zyklen und Rhythmen des Planeten verbunden. Sie haben die Macht über die elementaren Kräfte, die die physische Realität bestimmen. Ihr Blut, ihr Stoffwechsel und ihr Herzzentrum sind eins mit der Natur. Wenn der Planet stirbt, sterben auch sie *und* umgekehrt. Die mental-zelluläre Polarisierung der Atlanter dagegen erlaubte ihnen, mit übersinnlichen Methoden Entfernungen zu überwinden, sich zu verwandeln und sich mit anderen Reichen und Dimensionen zu verbinden. Sie hatten bestimmte angeborene Fähigkeiten wie etwa Telepathie, Psychometrie und Bilokalisation.

Aber der Großteil der Erdbevölkerung orientiert sich biologisch am männlichen Pol, weil er den Menschen erlaubt, in die richtige Beziehung mit der Erde einzutreten. Wenn wir auf diesem Planeten leben, müssen wir die *entgegengesetzte* Polarität zur Erde haben. Die Erde ist auf der materiellen Ebene weiblich polarisiert. Wir wohnen auf der Erde als ihre Liebespartner. Wenn wir uns dann mit unserem inneren Selbst, unserem eigenen weiblichen Pol verbinden, erschaffen wir nach und nach einen Eingang in die inneren Reiche (die nichtalltäglichen, nichtphysischen Reiche der Wirklichkeit) des höheren Bewußtseins. Wenn wir die weibliche Seite betonen, können wir die Dualität des Männlichen und Weiblichen in unserem Körper manifestieren, und das erlaubt uns, zu verschmelzen und zu transzendieren – uns im heiligen Feuer zu vereinigen. Dann kommt es zu alchemischen Prozessen, und wir entwickeln uns jenseits dieser Reiche.

Die Bedürfnisse unseres Planeten erfordern es heute, daß wir uns der Normen, Werte und des Wissens bewußt werden, die im weiblichen System enthalten sind. Wir werden uns selbst zerstören, wenn wir nicht darauf achten, denn das weibliche System beinhaltet zwei sehr wichtige Wahrheiten und ist mit zwei sehr wichtigen Ecksteinen unserer Zukunft verbunden.

Als erstes bedeutet die Öffnung für unsere weibliche Seite eine Öffnung für die nichtalltägliche Wirklichkeit.

Das bedeutet, daß wir uns für den Geist öffnen und fähig werden, den Geist in allen Dingen wahrzunehmen und uns darauf einzustimmen. Und das heißt, daß wir uns der Rechte eines jeden lebenden Wesens auf der Oberfläche des Planeten bewußt werden, sei es Fels, Mineral, Pflanze oder Tier, und akzeptieren, daß all diese Wesen ein Recht darauf haben zu existieren, zu blühen und genährt zu werden. Alle Dinge leben und sterben nach ihrem eigenen heiligen Plan. Die zweite Wahrheit besteht darin, daß wir immer Krieg haben werden, solange wir nicht diese erste Wahrheit erkennen und achten; wir werden nämlich immer unser Recht über das Lebensrecht einer anderen Person stellen.

Das Bewußtsein des Neuen Weiblichen läßt nicht zu, daß diese Wahrheiten entehrt werden. In den alten Tagen nahm auch der zerstörerische Aspekt des Weiblichen (wie etwa Kali, Athene oder Artemis) an Kriegen und ihrer gleichzeitigen Rechtfertigung teil. Aber in diesem Zyklus hat die weibliche Polarität nichts mit Krieg zu tun. Vielmehr steht sie für die Verwandlung des Falschen und Negativen in etwas Positives, und nicht für Zerstörung oder Vernichtung.

Wenn wir über Einweihungsprozesse lesen – sowohl in der physischen wie auch der übersinnlichen Welt –, ist noch immer ein Schleier des Geheimnisses aus dem Fische-Zeitalter übrig, so als ob die Menschen keinen freien Zugang zur Wahrheit bekommen sollten oder noch nicht genügend »gebildet« dafür wären! Ich glaube, daß alle mehr als genug geschult und mehr als bereit sind. Das Bedürfnis nach Wissen ist ungeheuer dringend. Viele von diesen sogenannten geheimen Riten und Initiationsprozessen (den übersinnlichen Erfahrungen der antiken Einweihungsschulen) gibt es nun in unserem alltäglichen Leben. Die Menschen erleben wichtige Einweihungen ganz zufällig. Das scheint diesen

Prozeß zu trivialisieren, aber in Wirklichkeit hat es gerade den entgegengesetzten Effekt. Es hebt die normale Wirklichkeit auf eine feinere und intensivere Ebene.

Viele Menschen werden Massenausbildungen und Offenbarungen erleben, die nichts mit Metaphysik oder Religion zu tun haben, sondern vielmehr mit der Wissenschaft, die Alice Bailey als esoterische Psychologie bezeichnete.[1] Die Menschen werden das, was ihnen im psychologischen Bereich widerfährt, ganz selbstverständlich nehmen, während sie sich in der Antike zwanzig Jahre im Tempel darauf vorbereitet hatten. Das ist ein großer evolutionärer Gewinn für die Menscheit.

In den alten Mysterien steht die »Göttin« für die Anschauung, daß die Quelle allen Lebens – aller existierenden Dinge – im weiblichen Energiepol beginnt. Diese weibliche Polarität ist in allen Ebenen der Existenz, in allen Dimensionen der Wirklichkeit – der physischen wie auch der nichtphysischen – zugegen. Der Einweihungspfad, der die Seele zur Schwelle der Göttin führt, ist der »Weg der Verschleierten Mysterien«.

Der unverwechselbare Charakter dieses Weges betont immer die persönliche Erfahrung des Eingeweihten und ihre oder seine Beziehung zur weiblichen Polarität. Trotzdem ist eine neuerliche Ausbildung vonnöten – ein modernes Verständnis des Weiblichen, einschließlich seiner Funktion und Eigenschaften muß vorhanden sein. Erst dann kann der oder die Einzuweihende vorankommen.

In der Sprache der Göttin bedeutet Teilnahme an ihrer Mysterienschule die Erfahrung der »Weiblichen Einweihungsprozesse«. Diese Prozesse sind in Wirklichkeit Entwicklungsstadien, die alle Menschen durchlaufen

[1] Alice Bailey, *Esoterische Psychologie,* Band 1 von *A Treatise on the Seven Rays* (New York: Lucis Publishing, 1962)

müssen. Wenn Sie diese Verwandlungen bewußt erleben und der Evolution ihrer Seele widmen wollen, dann sind sie tatsächlich auf dem Einweihungspfad der Göttin.

Die Stimme der Göttin richtet sich an viele Menschen. Es gibt so viele verschiedene Wege zu Ihr wie es Einweihungen gibt. Es gibt besondere Einweihungswege für Frauen und Männer. Es gibt auch Einweihungsprozesse für Menschen, die Frieden schaffen wollen und die weibliche Seite des Selbst freisetzen und sich mit Ihr verbinden wollen. Es gibt bestimmte Einweihungen, die alle Frauen und Männer erfahren – die Mysterien von Leben, Geburt und Tod, und die Vereinigung der männlich/weiblichen Energien im Inneren. Die letzten Initiationen beziehen sich auf die nichtphysischen Bereiche von Seele und Geist.

Um es zusammenzufassen: Wir unterscheiden drei hauptsächliche Zugänge zur Erleuchtung auf dem Wege der Göttin:

1. eine innere spirituelle Suche vermittels der weiblichen Polarität für Frauen und Männer;
2. die Vereinigung der weiblichen und männlichen Energien im Inneren;
   und
3. die Verwendung der weiblichen Initiationsprozesse als Zugang zu den höheren Bereichen der Seele und des Geistes.

Es läßt sich aber auch ganz kurz ausdrücken: Wenn eine Person ein optimales Leben auf der physischen Ebene führen will, so muß sie immer nach einer Balance zwischen dem äußeren Leben und dem bewußtseinsorientierten inneren Leben streben. Das innere Leben muß das äußere Leben anleiten, aber wir dürfen nicht das eine dem anderen opfern. Wenn man das äußere Leben dem inneren opfert, wird man ein »Absterben« oder einen Energieverlust im körperlichen Bereich erleben.

Das esoterische Denken hat sehr oft in der Geschichte den Standpunkt vertreten, daß man das innere spirituelle Leben gegen den Körper setzen sollte, und daß dieser Körper weiter nichts sei als eine Hülle. Dementsprechend sollte man den Körper opfern und nach der Rückkehr des Göttlichen streben. Soweit, so gut! Aber warum sollte man nicht einmal etwas Revolutionäres tun? Warum sollte man nicht einmal all die Kraft, Energie und Weisheit des inneren Göttlichen und seiner Schwingung zusammennehmen und zur physischen Materie zurückführen! Wenn Sie das tun, werden Sie die physische Wirklichkeit korrigieren, regenerieren, neu beleben und erleuchten. Dadurch wird nicht nur die Welt, in der Sie leben, verbessert, sondern auch die Menschen, die Sie lieben und kennen, werden eine engere Verbindung mit Ihnen eingehen können. Auf diese Weise werden Sie das physische und materielle Leben in höchste Vollkommenheit verwandeln. Das ist das Schicksal der menschlichen Evolution. Und tatsächlich hat uns die Schöpfung mit Gaia verheiratet, damit wir fähig werden, Gaia zu verbessern und in ein »Paradies auf Erden« zu verwandeln.

Die Geschichte vom Garten Eden bedeutet nichts weiter, als daß es die Aufgabe der Menschen ist, Eden zu erschaffen. Wir haben einstmals in einem paradiesischen Zustand gelebt, dem Zustand der Göttlichkeit – ohne Unterschied vom Göttlichen. In der Geschichte hat Eva vom Baum des Wissens gegessen. Sie hat gegessen, weil die Schlange (die Kundalini-Energie) Gott war. Gott sagte: »Hier, iß das und erkenne das Gegenteil!« Was ist das Gegenteil des Paradieses? Der Zustand der Individualisation. Das Bewußtsein der Getrenntheit, der Individualität. Durch diesen Akt gab Gott uns das Geschenk der Evolution. Das Geschenk besteht darin, daß wir auf diese Weise ebenso zu Gott oder zur Göttin werden können. Wir sind auf einem Entwicklungsweg, um selbst erleuchtet und göttlich zu werden. Und der Weg dorthin führt über alles das, was wir auf der physischen, emotionalen, mentalen und spirituellen Ebene erschaffen.

Unsere wichtigste Aufgabe besteht gegenwärtig darin, das Beste der menschlichen Evolution, das wir in unserem Herzen finden können, zu nehmen und der Erde zugute kommen zu lassen. Denn ohne die Erde haben wir weder Heimat noch Körper. Wenn wir die physische Existenz einschließlich der Mutter Erde, der Gaia, den Göttern des reinen Denkens und der Ideen opfern, so resultiert dies in Technologie. Dann gerät das Gleichgewicht außer Kontrolle, und wir haben unser eigenes Verhängnis besiegelt. Obwohl der Zustand der Erde und der Menschheit an einem kritischen Punkt ist, und wir schon jetzt den Preis für einige dieser Ungleichgewichte bezahlen, haben wir trotzdem die Fähigkeit, das Leben des Planeten zu regenerieren.

Innerhalb des Systems der weiblichen Einweihungsprozesse gibt es besondere Wege, besondere Aspekte der Göttin, die einer Person erlauben, ihre männlichen und weiblichen Teile zu vereinigen. Sehen wir uns einmal die vielen Gesichter der Göttin und die entsprechenden Evolutionswege an:

1. Zunächst haben wir den Weg der Gaia oder Mutter Erde. Das beinhaltet eine Beziehung zur Erde und ihren Wachstumsphasen, und die Sorge für die Erde und das irdische Leben. Dieser Pfad betont auch die Interaktion zwischen den Menschen und dem Reich der Tiere, Pflanzen und Mineralien.

2. Der Initiationsweg von Isis/Demeter befaßt sich mit der Kraft von Geburt und Wiedergeburt. Dieser Weg beinhaltet karmische Lektionen wie Familienleben, Pflegen, Heilen, Schamanismus, Religion und alles, was mit den Zyklen von Wachstum und Ernährung und der Wiederherstellung der Ganzheit zu tun hat.
3. Der Weg von Aphrodite oder Venus symbolisiert Entwicklung durch Liebe, Feuer, Vereinigung oder Verschmelzung zur Einheit: Alle Aspekte von Liebe, Intimität und Sexualität wie auch Liebe durch Dienen, Barmherzigkeit und Hingabe werden hier betont.
4. Wir haben den Weg der Weisheit, der auch der Pfad des Bewußtseins ist; das ist Evolution durch Intelligenz und Wahrheit. Dies ist der Weg der Athene. Die Aufgabe dieses Weges besteht darin, Bewußtseinsmuster und ihre Wirkungen auf die Welt zu verändern: durch Wissenschaften, Philosophie, Politik, Institutionen und Organisationen, aber auch durch die Künste. Das ist der Einweihungsweg der Ideen, der Kommunikation und ihrer transformativen Kraft.
5. Dann gibt es den Weg der Kali oder Medusa. Es ist der Weg der Zurückentwicklung, Zerstörung und Finsternis. Hier geht es um die heilige Kraft der Zerstörung und der Meisterschaft über den Tod. Dieser Weg beinhaltet Zorn, Feuer, Explosionen und Energiefusionen. Er hat mit Kriegführung und einigen wissenschaftlichen Disziplinen zu tun. Er betont die Fähigkeit, an den negativen Aspekten des eigenen Selbst zu arbeiten: der dunklen Seite. Auf diesem Weg werden Sie sehr intensive Lebenszeit mit der Reise der Seele in die Unterwelt des Selbst verbringen, aber Sie haben auch die Chance, die Kunst der Verwandlung durch den Prozeß des Todes oder durch Gewalt zu meistern.

6. Wir kennen auch den Weg oder das Gelübde des Bodhisattva. Das ist der spirituelle, mystische Pfad. Auf diesem Pfad werden viele erweckt. Es ist der Pfad der bedingungslosen Liebe durch Dienen. Seine Symbole sind die Göttinnen Kuan-Yin-Tara und Mutter Maria; Verzeihung und Mitgefühl sind seine Methoden. Wenn Sie diesen Pfad wählen, werden Sie ihre Erleuchtung letztlich dazu nutzen, um der Erde und der Menschheit zu dienen. Diesen Pfad wählen Sie nicht aufgrund Ihres Egos. Die Belohnung besteht nicht in der Befreiung vom Rad der Wiedergeburt durch Nichtverhaftung, vielmehr geht es um Erleuchtung aus einem offenen Herzen. Bevor Sie diesen Weg wählen, sollten Sie sehr sorgfältig nachdenken.

Alle Initianden müssen zunächst Frieden mit der Erde und dem Gaia-Weg herstellen. Dazu sind mehrere Dinge erforderlich: eine Reise zu einem bevorzugten Ort auf dem Planeten, an denen die Erdenergien in den Körper fließen können; den festen und hingebungsvollen Entschluß, diese Energie und das Bewußtsein der Erde eine gewisse Zeit über zu bewahren (das allein ist schon ein Einweihungszyklus von großer Kraft!)

Selbst-Einweihung – Der Gaia-Pfad

Dies ist der erste Einweihungsprozeß, den alle Menschen durchlaufen *müssen* – eine persönliche Beziehung mit der Erde herzustellen. Die Initianden graben ein Loch in den Boden oder gehen zu einem Ort, an dem sie mindestens drei oder vier Tage auf der Erde sitzen können. Während dieser Zeit müssen sie einige Stunden lang im Liegen verbringen. Sie müssen mit dem Gesicht nach unten liegen, so daß die Energiezentren im Körper durch die Schwerkraft, Energie und Intelligenz der Erde durchflutet werden; sie verschmelzen mit dem Bewußtsein der Mutter Erde. Gaia wird sie dann mit einer Vision entlassen. Diese Vision wird ihre Rolle auf der Erde und ihre Beziehung zu ihr beschreiben. Sie kann auch Anweisungen für die Heilung von persönlichen Problemen beinhalten, die die Körper-Erde-Beziehung der jeweiligen Person betreffen.

Wenn dies einmal geschehen ist, müssen die InitiandInnen auf ihrer Suche nach dem Ewig Weiblichen ein Wasserheiligtum besuchen. Es wäre ideal, wenn sie zu einem Fluß, einer Quelle und einem Ozean reisen könnten. Wenn sie aber nur eines davon besuchen können, wird das auch genügen. Auf unserer Pilgerfahrt zu einem Wasserheiligtum sollten wir schweigend sitzen, meditieren und die Energie des Wassers in uns aufnehmen.

Wenn die Initianden am Meer angelangt sind, sollten sie seine ungeheure Weite und seinen rhythmischen Tanz mit der Welt selbst in sich aufnehmen. Wenn sie bei einem Fluß sind, sollten sie den Rhythmus des Flusses und seine Intelligenz absorbieren; bei einer Quelle verhält es sich ebenso: jede Quelle hat ihre eigene Stimme, ihre eigene Weisheit. Die Nähe einer Quelle ist besonders schön, weil ihr Wasser frisch und rein aus dem Herzen und dem Körper der Mutter Erde sprudelt.

Wenn wir Frieden mit dem Wasser schließen, integrieren wir auch unser Wasserselbst, das emotionale Selbst. Erde und Wasser sind die beiden Elemente, die eine unmittelbare Verbindung zum Weiblichen haben. Wenn die Initianden mit diesen Elementen Frieden schließen können, dann werden sie die Geheimnisse der Gaia kennen.

Als nächstes kommt die Kommunikation mit etwas Lebendigem – einem Baum, einem Getreide wie Mais oder Weizen, einer Pflanze. Es ist sehr wichtig, sich um irgend etwas Lebendes zu kümmern, mitzuerleben, wie es von Jahreszeit zu Jahreszeit wächst, wie seine Energie, seine Emotionen und seine Intelligenz zunimmt und schwindet. Es ist auch wichtig, eine Blume oder Grünpflanze aufzuziehen – auch wenn es nur eine ist. Wir können diese Lektion sogar mit einer Topfpflanze erleben; kaufen Sie sich eine und pflegen Sie sie. Das wird uns Weisheit und Achtung für die vegetative Welt der Pflanzen vermitteln.

Wenn dieses Stadium vorüber ist, müssen wir in Beziehung zu einem Tier treten. Das ermöglicht uns den Zugang zur Tierwelt. Wir werden lernen, wie Tiere ihre Lebensrhythmen sowohl von der Welt der Menschen, wie auch der Welt der Gaia ableiten. Die Kommunikation mit einem Tier, und zwar vor allem mit einem Vierfüßler öffnet das Herzzentrum. Wir müssen ohne Sünde und emotional integriert sein, um wirklich für ein Tier sorgen zu können. Unser Herz spiegelt sich in der Pflege eines Tieres.

Wenn wir einen dieser Schritte vollbracht haben, steht der Zugang zum Weiblichen bereits offen. Wir sind nun imstande, mit Achtung für alle lebenden Geschöpfe, alle durchgeistigten Wesen zu fühlen und zu handeln – ob sie nun einen erkennbaren Verstand haben oder nicht, ob sie mineralischer, tierischer, pflanzlicher oder menschlicher Art sind. Und das heißt, daß wir uns auf das Ewig Weibliche, die Pflege, Verehrung und Regeneration allen Lebens eingestimmt haben.

Kapitel 2: Die Einweihungszyklen im menschlichen Körper

Die erste Erfahrung des Weiblichen beginnt im Mutterbauch – es ist die Beziehung der Mutter zu ihrer eigenen Mutterschaft und zu ihrer Identität als Frau. Im zweiten Stadium wird sich das Kind der männlich-weiblichen Polarität bewußt, die durch Mutter und Vater reflektiert wird.

Das dritte Stadium wird in der Pubertät aktiviert, wenn die Hormone uns sexuell polarisieren. Wenn ich jetzt »sexuell« sage, so meine ich damit ganz wörtlich, daß die Hormone uns männlich oder weiblich machen. Nicht das Äußere zählt: nur die biochemisch-hormonellen Prozesse im Inneren unseres Körpers bestimmen in Wahrheit unsere psychosexuelle Identität.

Das vierte Stadium erfolgt im Alter von 21 oder 22 Jahren (und sogar bis 25), wenn unsere Art, in der Welt zu sein, uns zeigt, auf welche Weise wir uns bei unseren Arbeitsprozessen in der Welt polarisieren. Die Frage ist, ob es in karmischem Konflikt mit der Seele geschieht oder nicht.

Wenn die Seele sagt, daß wir in diesem Leben auf weibliche Weise in der Welt wirken sollen, wir uns aber auf männliche Weise verhalten, wird es im Alter von 27 oder 28 zu karmischen Schwierigkeiten kommen, da hier eine Kollision der Ego-Forderungen mit den Bedürfnissen der Seele vorliegt. Dieses Entwicklungsstadium fällt oft mit dem astrologischen Prozeß der Saturnwiederkehr zusammen. Das ist der Transit des laufenden Saturn über den Geburtssaturn im Geburtshoroskop, oder einfacher gesagt: wenn Saturn zu demselben Ort zurückkehrt, an dem er bei unserer Geburt stand. In astrologischer Sicht thematisiert die Saturnwiederkehr die Fähigkeit eines Individuums, sein inneres Wesen mit seiner äußeren Persönlichkeit zu verbinden. Wenn Saturn, der karmische Großvater an die Tür klopft, erleben Menschen eine Reihe von Herausforderungen: Es wird geprüft, ob sie fähig sind, auf die Stimme ihrer eigenen Seele zu hören. Die Resultate oder Folgen dieser Herausforderungen hängen davon ab, ob wir die Botschaft empfangen oder nicht. Wenn nicht, dann wird es uns wahrscheinlich ein wenig herumschleudern.

Bei einer Saturnwiederkehr haben Menschen die einzigartige Gelegenheit, ihre innere Wahrheit entweder anzuerkennen oder vollständig zu ignorieren. Wenn sie diesen Zeitraum durchlaufen und die Seele ignorieren, können hier die Samen für ihren Tod gesät werden. Alles, was jetzt nicht auf psychologischer Ebene bereinigt wird, setzt sich alsbald im physischen Körper als Krankheit fort. Chronische Krankheit, die Saat des letztendlichen Todes (auch wenn der Tod erst eintritt, wenn sie sehr alt geworden sind), wird hier gesät. Wenn sie sich entscheiden, auf den Ruf ihres inneren Wesens zu hören, dann kann dieses Stadium zu einem tief reichenden und schmerzhaften Kampf werden.

In dieser Zwischenperiode müssen Menschen einen mentalen »Hausputz« vollziehen und sich von alten Einrichtungsgegenständen befreien. Sie müssen alles auflösen, was die Verbindung zum inneren Selbst blokkiert. Oftmals dauert es sieben Jahre (einen Chakren-Zyklus), dieses »innere« Haus zu reinigen und neu herzurichten.

Das Reinigungsstadium hat seinen Höhepunkt im Alter von 35 oder 36 Jahren. Wenn Menschen auf diesen inneren Ruf gehört haben und die Möbel richtig plaziert haben, dann können sie von 35 bis 42 in die Welt hinausgehen und mit ihrer neuen Lebensweise einen Platz für sich vorbereiten. Manchmal kommt der Erfolg, und manchmal dauert es ein wenig, aber das heißt nicht, daß Sie ein Versager sind, wenn Sie bis 35 nichts getan haben. Es bedeutet nur, daß Sie zu diesem Zeitpunkt den karmischen Tisch decken.

Im Alter von 42 Jahren fließt die gesamte Lebenskraft zum Dritten Auge. Es kommt zu einer Öffnung desselben, ganz gleichgültig, wie ignorant oder blockiert Menschen sind; die ganze Energie fließt zum Dritten Auge.

Bei bewußten Menschen öffnet sich jetzt das Dritte Auge; Vergangenheit und Gegenwart werden tief und umfassend betrachtet. Das kann eine Zeit sein, in der Menschen sich selbst vergeben und die Vergangenheit loslassen. Vielleicht treten sie in eine sehr schwierige spirituelle Periode ein. Die richtige Art, die Energie von 42 bis 49 zu nutzen, ist Versenkung in die spirituelle Bedeutung des Lebens – vor allem des eigenen Lebens, denn zu diesem Zeitpunkt ist das Dritte Auge voll und ganz geöffnet, und die Menschen können die Geheimnisse des Universums genauso erkennen wie die Geheimnisse ihres eigenen Lebens.

Während dieser Phase vollzieht man große innere (oder sogar äußere) Schritte im spirituellen Leben. Viele Menschen kehren zum Glauben ihrer Väter und Mütter zurück. Und mit 49 setzt dann Weisheit ein.

Im Alter von 49 Jahren müssen Menschen akzeptieren, was und wer sie in diesem Leben sind – sonst lösen sie allmählich den physischen Akt des Sterbens aus, um in einem neuen Leben noch einmal von vorne zu beginnen. Hier entscheiden wir, ob wir früh sterben oder weiterleben. Die Manifestation dieser Entscheidung dauert gewöhnlich acht bis zehn Jahre.

Bei denjenigen, die sich auf dem Weg der Einweihung

befinden, öffnet sich nun das Kronenchakra: die Beziehung mit dem Geist kann beginnen. Das ist eine Beziehung zum Geist in allen Existenzen und Gestalten. Große Werke der Nächstenliebe und des Altruismus werden von älteren Menschen vollbracht, denn jetzt empfinden viele plötzlich das Bedürfnis, irgend etwas für den Planeten zu tun oder zum Leben auf dieser Erde beizutragen.

Im weiblichen Prozeß der Initiation können Sie mit Sicherheit erkennen, daß das Chakrensystem und der Sieben-Jahres-Zyklus für die menschliche Evolution sehr bedeutsam sind. Der weibliche Prozeß ist mit den Chakren verbunden, die die Seele, das übersinnliche Vermögen und das spirituelle Wachstum lenken. Wenn ein menschliches Wesen beschließt, seine übersinnlichen Fähigkeiten zu entwickeln (im neuen Zeitalter würde man sagen »den spirituellen Pfad betreten«), verpflichtet man sich, mit dem weiblichen Prozeß zu arbeiten.

Karmische Herausforderungen

Eine der ersten karmischen Herausforderungen, mit der Menschen sich auseinandersetzen müssen, sind die Eltern. Sie vermitteln die erste Wahrnehmung des Geschlechtsunterschiedes: der Vater als der männliche, die Mutter als der weibliche Teil. So sieht es normalerweise aus, aber bei manchen Leuten kommt es zu Verwechslungen. Die erste Prüfung bei der Einweihung in das Weibliche ist die Auflösung jeglichen Karmas mit den Eltern, einfach deswegen, weil es unsere Haltung zu unserer eigenen Sexualität, unserem eigenen Geschlecht bestimmt, wie wir also die Kraft oder Schwäche unseres Geschlechtes oder des entgegengesetzten Geschlechtes erleben. Kurz gesagt, es betrifft den Kern unserer Identität. In diesem Karma gibt es so viele komplexe Zusammenhänge, so viele folgenreiche Aspekte, daß die Zeit der Reinigung und Klärung viele Jahre dauern kann, auch wenn wir schon beim nächsten Schritt sind.

Die zweite innere Herausforderung ist auf die Beziehung zum inneren Selbst gerichtet. Genau darum ging es in der New-Age-Bewegung, um alles das, was wir als Höheres oder Niederes Selbst bezeichnen. Die Herausforderung besteht in der Kontaktaufnahme mit dem inneren Selbst, daß man ihm erlaubt zu existieren und mit ihm zu kommunizieren beginnt. Im Grunde geht es einfach nur darum, daß wir ihm vertrauen.

Der nächste Schritt besteht darin, dieses Selbst der Spiritualität zu unterwerfen – jener Energie, die alles Lebende durchdringt: der »Göttlichkeit«, Gottheit oder der Göttin.

Manchmal brauchen wir eine Verschnaufpause im Alltag, und in diesen Situationen kommen geistige Führer zu uns. Sie sind durchaus real. Wie gut wir uns mit ihnen verbinden können, zeigt auch, wie sehr wir uns mit dem inneren Selbst verbinden können. Wenn wir mit Geistführern arbeiten, beziehen wir uns auf ein Wesen auf der anderen Seite des Schleiers (der nichtphysischen Realität), das keinen Körper hat. Diese Wesenheit kann viele gottähnliche Dinge tun, ist aber selbst *nicht Gott*. Hier geht es einfach nur darum, uns mit unserem Höheren Selbst (der Seele) in Verbindung zu bringen.

Die Fähigkeit, sich ohne Angst zu unterwerfen, ist die erste Einweihung, die das Herz öffnet. Um uns ohne Angst zu unterwerfen, uns für den Geist zu öffnen, müssen wir unser Herz öffnen. Denken Sie daran, die erste Herausforderung sind die Eltern, die zweite Herausforderung ist das Selbst. Wir müssen ein mitfühlendes Herz gegenüber dem Selbst und anderen Menschen in uns tragen; das befähigt uns, uns dem Geist, der Essenz aller Schöpfung, willentlich zu unterwerfen. Dieser Akt trägt uns zur endgültigen Verwirklichung der Auferstehung und Erleuchtung.

Während der gegenwärtigen revolutionären Phase in der Evolution der Menschheit hat die Unterwerfung unter die weiblichen Energien viele komplexe Verwandlungen mit sich gebracht. Wir sehen Menschen, die sich in Frauen verwandeln, und Frauen, die sich in Männer verwandeln. Es gibt Hypersexualität und Hyperpolarität. Es ist eine faszinierende Zeit. Der größte Teil der westlichen Welt kämpft sich mit Sexualität und Liebe ab.

Selbst in den Ländern der Dritten Welt findet ein ungeheurer Aufschwung des weiblichen Prinzips statt. Wenn es sich noch nicht durchgesetzt hat, so wird das nur zu bald der Fall sein. Viele Menschen, die mit dem Krieg gelebt haben, werden seiner allmählich müde. Kriege – wie die in Arabien, den asiatischen Ländern, Indien, Afghanistan – sind die modernen Schlachtfelder, auf denen sich die männlichen und weiblichen Systeme bekämpfen.

Wenn sich ein Land vollständig den männlichen Energien ausliefert, wird sich das Leben dieses Landes nicht regenerieren. Es wird sich selbst zerstören, denn wenn die männliche Energie außer Rand und Band gerät, wird sie kriegerisch. Und wenn die kriegerische Eroberungshaltung in eine Gesellschaft einzieht, so ist sie immer auf der Suche nach Dingen, die sie sich einverleiben oder erobern kann. Wenn dann keine »Nahrung« mehr vorhanden ist, beginnt sie sich selbst zu verzehren und zu erobern. Sie kann nur solange »fressen«, bis sie entweder platzt, sich vergiftet oder selbst verzehrt hat. Der »Krieg« brennt sich selbst aus, und am Ende wird nichts übrigbleiben, um das zu kämpfen sich lohnt.

Wenn wir uns der nichtphysischen Realität unterwerfen, gibt es einen winzigen Tod; bestimmte Teile in uns sterben physisch und psychisch ab. Wenn wir umhersehen, können wir wahrnehmen, daß ein Teil der weiblichen Bevölkerung sich im Inneren instinktiv dem Geist unterworfen hat. Die restliche weibliche Bevölkerung bezieht sich noch immer auf die männliche Polarität und ihre Lebensart. Diese Frauen sind nicht imstande, die männlich-weibliche Dualität in sich auszubalancieren, und das manifestiert sich dann in vielen somatischen Störungen wie etwa hormonalen Dysfunktionen, gynäkologischen Schwierigkeiten oder bestimmten Arten von Krebs.

Bei den Männern können wir beobachten, daß sie meist zur männlichen Seite hin polarisiert sind und so gut wie keine Verbindung zum Weiblichen haben. Diese Männer haben Schwierigkeiten damit, ihre innere emotionale Wahrheit zuzugeben und auszudrücken. Und das äußert sich dann in extremem Verhalten wie Wutausbrüchen, Gewalt und Drogenmißbrauch. Das männlich-aggressive Verhalten ist in unserer Zeit im Sport gestattet – als Kampfarena gewissermaßen – und im ökonomischen Wettbewerb. Prostataprobleme, Herzinfarkte, Gehirnschlag und früher Tod sind Krankheiten, die durch die Abwesenheit der weiblichen Energie in Männern entstehen. In einem männlich-weiblich balancierten Energiesystem haben Menschen die Kraft, ihre eigene körperliche Gesundheit zu regenerieren. Das ist die Grundlage der asiatischen Medizin – die richtige Balance von Yin (der weiblichen Energie) und Yang (der männlichen Energie) ermöglicht Langlebigkeit und Gesundheit. Die restliche männliche Bevölkerung, die mit ihrer weiblichen Energie in Kontakt ist, wird oft wegen ihres gefühlvollen Wesens ausgeschlossen und stigmatisiert. Ein Großteil unserer Dichter, Künstler, Schauspieler, Musiker und all jener Männer, die die innere Welt der äußeren vorziehen, hat ihre Schwierigkeiten mit der gegenwärtigen männlich-orientierten Machtstruktur unseres Planeten. Diese Polaritätsprobleme sind keineswegs neu. Sie haben die Menschheit seit dem Fall von Atlantis begleitet.

Menschen, die mit ihrer weiblichen Polarität in Kontakt treten, haben zunächst ein Gefühl, daß sie psychischen Müll abladen: Zeitweilige emotionale Störungen werden auftreten, sich vielleicht sogar verschlimmern, wenn ihre Welt sich zum Weiblichen hinbewegt. Gefühle, die einst unterdrückt oder abgeleugnet wurden, werden nun plötzlich freigesetzt.

Gewaltförmige und verborgene Perversionen treten ans Tageslicht und ziehen ein häufigeres Auftreten von Geisteskrankheiten, Zusammenbrüchen und Gewaltverbrechen nach sich. Während sich die menschliche Gattung psychologisch »klärt« und reinigt, wirft sie gleichzeitig auch all den psychischen Müll nach draußen, der in Aura und Psyche der Menschen unterdrückt worden ist. Die Gesellschaft braucht diese Phase als Evolutionsschritt und Heilungskrise.

In der Medizin versucht man zur Zeit, Psyche und Körper zu entgiften, den Energiekreislauf in Gang zu halten, so daß keine toxischen Stoffe im Körper abgelagert werden. Wir werden bei der Reinhaltung des psychischen Abflußsystems große Fortschritte machen. Um nichts anderes geht es bei der Präventivmedizin. Wir haben eine ungeheure »Müllentleerung« – eine Reinigung – vor uns, und das erlaubt es den Menschen, sich zu öffnen, ihre Sensibilität zu entwickeln und sich mit den weiblichen Aspekten in ihrem Inneren zu verbinden.

Im hinduistischen Energiesystem des Körpers wird die Körperenergie in zwei Polaritäten aufgeteilt: *ida*, die weibliche Polarität und *pingala*, die männliche Polarität. Diese Polaritäten sind in »Kanälen« enthalten, die vertikal durch die Mitte des Körpers laufen. Um die Unterscheidung zu vereinfachen: es gibt einen »boy-channel« und einen »girl-channel«, und die beiden treffen sich nie (oder wenn sie es tun, dann sind sie erleuchtet!).

Aber natürlich ist es viel komplexer, denn diese polaren Kanäle stellen dar, wie und mit welchen Eigenschaften und Merkmalen sich die Energie bewegt. Es gibt sogar physische Eigenschaften dieser Energien. Wenn Sie die beiden Kanäle in *Shushumna,* dem zentralen Kern oder festen Gefäß der beiden Kanäle, beobachten, so werden Sie nach und nach die Unterschiede zwischen den beiden Energien und ihre Wirkungen erkennen. Diese Energien bestimmen, wie sich Menschen auf die äußere Welt, auf ihr Bewußtsein, ihren Körper, ihre Sexualität wie auch ihre körpereigene, geschlechtliche Identität beziehen.

Wenn wir den männlichen Energiekanal verwenden, so geschieht dies meist, um eines der folgenden drei Dinge zu tun:

1. die Lebensenergie auf der physischen Ebene in Gang zu halten; und zwar insbesondere, um Menge und Intensität dieser Energie im physischen Körper zu regulieren. Das heißt jedoch nicht, daß der männliche Kanal die Quelle dieser Lebenskraft ist, er hat nur die Funktion, sie zu regulieren. Dies geschieht auch in der Interaktion mit der äußeren Welt. Das führt uns sofort zur nächsten Funktion:
2. Hier geht es um Energie für das Bewußtsein, denn die Energie im Rückenmarkskanal hält die Gehirntätigkeit in Gang. Am allermeisten erhält sie das rationale Bewußtsein, also das Wachbewußtsein aufrecht.
3. Als dritte Funktion bildet der männliche Kanal eine energetische Verbindung zwischen Seele und Intellekt, und dabei entsteht Energie, die im Körper ausgedrückt oder gelenkt werden kann.

Der weibliche Kanal hat einige Aspekte mit dem männlichen Kanal gemeinsam, weist aber auch Unterschiede zu ihm auf:

1. Die erste Funktion des Weiblichen besteht in der Verbindung zum Unbewußten – dem Schlaf, dem Traum und den höheren Bewußtseinszuständen jenseits der physischen Wirklichkeit.
2. Die zweite Funktion des Weiblichen (wie auch des Männlichen) dient der Seele, so daß diese durch die weibliche Polarität Gefühl oder Intuition ausdrücken kann.
3. Die dritte Funktion des weiblichen Kanals hält das ätherische System und andere elektromagnetische Systeme instand, die das Funktionieren und die Gesundheit des physischen Körpers betreffen.

Sie sehen also, daß viele metaphysische Theorien und Methoden (Meditation, Akupunktur, homöopathische Medizin und die Wissenschaft vom elektromagnetischen Fluidum) die weibliche Polarität der Lebensenergie (oft auch »shakti« oder »kundalini« genannt) beeinflussen.

Wenn wir in einer Zivilisation oder auf dem ganzen Planeten nur die männliche Seite des Energiesystems mobilisieren und positiv bewerten, dann kann die weibliche Energie unterernährt sein und degenerieren. Krankheit oder Dysfunktion beginnen auf jeder Bewußtseinsebene immer im Unbewußten. Sie beginnen immer im unsichtbaren Bereich, wo man sie weder zuordnen, noch verantworten noch zugeben kann. Viele Arten von Bewußtseinstraining (wie auch von ganzheitlicher Medizin und Ökologie) sprechen davon, daß wir alle miteinander verbunden sind. In dieser Bewegung drückt sich die Anerkennung und Wertschätzung der weiblichen Polarität in Energie und Bewußtsein aus.

Kapitel 3: Wie man Sexualität und Geschlecht einsetzt, um zur Erleuchtung zu gelangen

Wenn wir uns entscheiden, einen Körper zu nehmen, so wählen wir immer ein ganz bestimmtes »Fahrzeug«, und dafür gibt es viele verschiedene Gründe. In manchen Inkarnationen haben wir keine Wahl – wir sind aufgrund unaufgelöster karmischer Muster gezwungen, uns in bestimmten Familieneinheiten, Kulturen oder Rassen zu inkarnieren. Trotzdem bestehen für sich inkarnierende Seelen überaus viele Wahlmöglichkeiten, wenn sie diese Wahl für sich beanspruchen wollen.

In diesem Fall werden sie sich mit einem »Karma-Berater« besprechen. (Ich weiß nicht, wie ich es anders sagen soll: Vielleicht ist »Sankt Petrus« ein besseres Wort, oder vielleicht sollte ich den buddhistischen Begriff der »Karma-Lords« gebrauchen.) Dieser Berater hilft uns dabei, einige vorherrschende karmische Muster auszuwählen, an denen wir in der nächsten Inkarnation arbeiten wollen. Wenn nun manche Seelen ihre Wahl treffen, haben sie nicht nur eine Reihe von Möglichkeiten vor sich, sondern empfangen auch das »große Bild«.

Das bedeutet, daß Menschen einschätzen können, wie weit sie von der vollkommenen Erleuchtung entfernt sind, und vielleicht bitten sie um eine Inkarnation mit einer schwereren karmischen Last.

Auch Gruppenkarma hat seinen Platz in diesem Auswahlprozeß. Die Seelen unterliegen nicht nur einem individuellen Karma, sondern auch einem Karma, das durch ein Gruppenbewußtsein bestimmt ist. Ein Beispiel dafür sind Menschen, die sich nach einem Krieg inkarnieren, oder Menschen, die durch Katastrophen oder soziale Umwälzungen ums Leben kamen. Zur Einbindung in ein Gruppenkarma kommt es dann, wenn sich die Evolution der Seele zeitlich an einen Evolutionsprozeß anschließt, in dem sich ein Teil der Menschheit befindet. Vielleicht haben wir auch gewisse karmische Muster, die wir verstärken wollen, oder karmische Muster, von denen wir uns befreien wollen. Je nach dem Geschlecht, das für die jeweilige Aufgabe am besten geeignet ist, kommen wir entweder als Jungen oder Mädchen zur Welt.

Aber wir sollten auch die innere sexuelle Struktur betrachten. Sie wird durch die beiden Kundalini-Kanäle bestimmt, die die männliche und weibliche Polarität beinhalten. Nehmen wir einmal an, daß sich jemand als Mann inkarnieren und an seiner Männlichkeit arbeiten will. Wenn er nun als Junge zur Welt kommt, wird er daran arbeiten, daß er auf allen Ebenen des männlichen Bewußtseins integriert und spirituell gesund wird. Es kann sich jemand auch in einem männlichen Körper inkarnieren und sich in seine innere Männlichkeit verlieben. Dadurch lernt er im Grunde, wie er seine eigene Männlichkeit akzeptieren kann. Homosexualität oder lesbische Zugehörigkeit befaßt sich normalerweise mit der inneren Form, die darum kämpft, irgendeinen Aspekt der äußeren Form zu integrieren und akzeptieren. Das heißt, daß Homosexualität in diesem Fall keine Abweichung ist und ebensowenig eine Krankheit anzeigt. Vielmehr ist Homosexualität ganz einfach eine Frage der Anordnung von Energien: es geht um mentale und emotionale Zuordnungen und um karmische Muster im Bereich intimer Beziehungen. Homosexualität ist somit ein Entwicklungsschritt: Es gibt immer ein Stadium in der menschlichen Evolution, in dem Menschen sich zum eigenen Geschlecht hingezogen fühlen.

Wenn wir unsere Eltern auswählen, bestimmen wir auch unsere innere Sexualität. Wir beziehen fast das ganze Muster der Männlichkeit und Weiblichkeit von der Energie der Eltern. Während der ersten sieben Lebensjahre wird die innere sexuelle Prägung durch die äußere Situation der Eltern bestimmt. Die innere Programmierung oder Orientierung beginnt schon im Mutterbauch und hält an, bis wir 7 oder 8 Jahre alt sind.

Von 7 bis 14 wird durch die angeborene Lebensenergie die Pubertät in Gang gesetzt. Diese Lebensenergie ist der Form selbst immanent, und zwar aufgrund der genetischen Formwerdung des Körpers bei der Empfängnis. In der Entwicklung des Individuums reicht dieser Prozeß noch in die Phase hinein, die mit dem Einsetzen der Pubertät beginnt und bis zum Alter von 21 Jahren dauert. Von 14 bis 21 kommt das volle karmische Potential unserer seelischen Identität zum Vorschein – und gerät nun auch mit den Resten der elterlichen Prägung in Konflikt (diese Phase wird manchmal als die klassische Rebellion von Jugendlichen und als Individuation der Persönlichkeit beschrieben).

Während dieser Zeit tritt die Sexualität in den Vordergrund. Sexualität beinhaltet das Verlangen, sich fortzupflanzen, in die Zukunft zu leben. Die Entdeckung, daß man durch die Fortpflanzung Macht über die Zukunft hat, ist ein Synonym für das Teenager-Alter. Hier kann es zu der ersten Einweihung in das Weibliche kommen, einfach dadurch, daß ein Teenager seine eigene Identität sucht.

Der Übergangsritus zwischen Kindheit und Pubertät wird verpaßt, wenn die Verlagerung von der elternerzeugten Identität zum frisch aktivierten Individuationswillen mißlingt. Wenn wir in einem Haushalt aufwachsen, in dem das Weibliche verachtet, zurückgewiesen oder pervertiert ist, dann ist unsere eigene Fähigkeit, uns im Inneren mit ihr zu verbinden, unterbrochen, und das führt zu einer Identifikation mit einer äußeren Gruppe oder einer dominierenden Autoritätsfigur.

Wenn wir am weiblichen Einweihungsprozeß teilnehmen, beginnen wir eine Beziehung mit der inneren oder der verborgenen Welt, die dem entspricht, was während einer Schwangerschaft im Mutterbauch verborgen ist. Ganz gleichgültig, ob wir in einen männlichen oder weiblichen Körper geboren werden, ob unsere innere Polarisation männlich oder weiblich ist – sowohl Männer wie auch Frauen müssen sich mit der weiblichen Polarität in ihrem Inneren verbinden.

Was geschieht, wenn eine Polarität im Inneren ganz anders ist als im Äußeren? Es gibt Inkarnationen, in denen Menschen eine männliche oder weibliche Gestalt annehmen, in ihrem Inneren aber genau gegenteilig polarisiert sind. (Solche Menschen haben viele astrologische Aspekte, auf die die verborgenen und okkulten Häuser ihres Horoskops verweisen). Sie haben psychologische Probleme und müssen sich auf eine spirituelle Suche machen, um ihr inneres Selbst zu finden. Sie finden ihre männliche oder weibliche Entsprechung nicht in dieser, sondern in einer jenseitigen Welt. Mit anderen Worten: Um ihren Platz zu finden, müssen sie durch das Tor der nichtphysischen Realität in die spirituellen Ebenen der Existenz wandern.

Diese Menschen müssen Priester und Priesterinnen werden; sie müssen lernen, gleichzeitig beide Polaritäten und sexuellen Dualitäten in sich selbst zu tragen. Ihre inneren männlichen und weiblichen Polaritäten sind gleichwertig, auch wenn sie in der äußeren Welt ein bestimmtes Geschlecht haben. Diese Menschen haben oft Dysfunktionen im Sexualbereich oder im Herzen. Deshalb sind manche überaus erleuchtete Menschen äußerst dicht und verschlossen, wenn es um Herz und Gefühle geht. Für sie ist es schwierig, ihre Polarität in dieser Welt aufrechtzuerhalten und auf diese Weise ihr Karma aufzulösen.

Wenn wir uns für den weiblichen Einweihungsweg entscheiden, müssen wir uns für das Weibliche in unserem Inneren öffnen. Dieser Weg erfordert einen ungeheuren Ausstoß von sexueller und übersinnlicher Energie.

Um auf männliche Weise Ziele in der äußeren Welt zu erreichen, sammeln wir Information, bereiten uns vor und üben, und dann gehen wir nach außen und erobern dieses Ziel. Auf dem weiblichen Einweihungsweg müssen wir im Gegensatz dazu Körper und Seele vorbereiten. Wir müssen bereit sein, eine andere als nur einfach die physischen und intellektuelle Energie zu verwenden.

Wenn wir unsere Arbeitssituation verändern oder umziehen oder irgendwelche sonstigen Veränderungen in der äußeren Welt veranlassen, verbrauchen wir eine Menge physischer Energie. Wir werden müde, ruhen uns aus, regenerieren uns und können dann von neuem beginnen. Wenn wir jedoch Transformationen im Sinne des weiblichen Prozesses vollziehen (ganz egal, ob als Mann oder als Frau), so wird die dafür notwendige Energie den feinstofflichen Körpern entnommen: dem Astralkörper, dem ätherischen Körper, dem Traumkörper – also all den elektromagnetischen Körpern.

Wenn wir versuchen, diese »inneren« Verwandlungen stattfinden zu lassen, so werden wir sehr müde und verletzlich. In unserer Aura (dem feinstofflichen Körper) können Löcher entstehen. Manchmal wissen wir zuwenig oder sind nicht sensibel genug, um zu erkennen, daß wir einen feinstofflichen Körper nach dem anderen erschöpfen. Wenn wir unsere Transformation von den äußeren zu den inneren Welten beginnen, müssen wir deshalb Inventur machen: wir müssen uns reinigen und dann auf allen Ebenen der feinstofflichen Körper unsere Gesundheit wiederherstellen.

Die Energiezentren der Chakren öffnen

Die erste Blockade, die wir auf unserem Göttin-Weg antreffen, liegt im ersten Chakra, dem Zentrum der Lebenskraft. Viele Menschen entscheiden sich in diesem Augenblick für ein zölibatäres Leben, anstatt sich mit der Freisetzung oder dem Mangel von Energie im ersten Chakra auseinanderzusetzen. Von Geburt an haben viele Menschen diese Energie hergenommen und alle möglichen Dinge damit angestellt, die nichts mit ihrem eigentlichen Zweck zu tun haben. Bei Verwandlungen im Bereich der feinstofflichen Körper werden ungeheure Mengen von Kundalini-Energie verbraucht. Das ist eine große Hürde, die man überwinden muß. Deshalb sollten Menschen, die sich auf den Einweihungsweg begeben, Yoga, TaiChi oder irgendeinen Kampfsport vollziehen – irgend etwas, um Kanäle für die Freisetzung des Feuers zu schaffen. Statt dessen steigern viele Menschen ihren Zuckerkonsum oder andere schlechte Gewohnheiten, die ein noch größeres Ungleichgewicht hervorrufen, freisetzen und verursachen.

Im weiblichen Einweihungsprozeß ist die Freisetzung der Kräfte des ersten Chakras der wichtigste Schritt. Wenn Menschen mit diesem Kraftreservoir in Kontakt treten, entdecken sie manchmal, daß es leergesaugt ist. Irgend jemand hat dieses Reservoir geleert. Sie müssen zurückgehen und herausfinden, wer ihre Lebenskraft gestohlen hat, und wie dies geschehen konnte. Vielleicht entdecken sie dabei ernste Probleme innerhalb ihres Familiensystems, die zu dieser Entleerung geführt haben.

Wenn wir mit Menschen sprechen, die deprimiert sind, die nicht wissen, wer sie sind, die der Meinung sind, daß ihr »Selbst« nicht gut genug ist, so kommt dies daher, daß ihre Lebenskraft in der Kindheit bedroht, unterdrückt, abgeschnitten oder geraubt wurde. Wenn die Lebenskraft frei fließt, denken wir nicht darüber nach, wer was über uns denkt, wir »sind« einfach. Wenn die Lebenskraft frei fließt, wird die Welt magisch, und wir erfreuen uns guter Gesundheit und Kraftfülle.

Ist die Lebenskraft abgeschnitten, bekommen wir vielleicht auch Probleme mit Krebs. Wenn die Lebenskraft auf und nieder geht, wenn sie sich nicht für sich selbst entscheiden kann und nicht weiß, welche Wirklichkeit die richtige ist, dann haben Menschen oftmals Probleme mit dem Immunsystem.

Wenn die Lebenskraft vom Körper getrennt ist, wenn ihre Existenz so verhaßt und herabgewürdigt wird, daß wir diese Verbindung abschneiden und sie außerhalb unseres Körpers ansiedeln, so kann Besessenheit durch multiple Persönlichkeiten stattfinden. Wenn wir die »inneren Feuer« voll und ganz ersticken und uns selbst so sehr hassen, daß wir sie aus dieser Existenz verbannen oder von unserem Bewußtsein abschneiden, so kann es zur Schizophrenie kommen. Wenn die Lebenskraft unterdrückt wird, so entstehen Neurosen und zwanghafte Ideen. Wenn wir die Lebenskraft langsam abzutöten versuchen, so ist das eine Art von Selbstmord durch Depression.

Das erste Chakra kontrolliert Funktionen und Dysfunktionen. Wenn wir die Lebensenergie des Körpers freisetzen, dann können Veränderungen und Transformationen sehr leicht vollzogen werden.

Die Lebensenergie ist nicht notwendigerweise sexuelle Energie, obwohl sie beide durch denselben »Draht« laufen. Die sexuelle Energie wandert von der Basis der Wirbelsäule zum zweiten Chakra hinauf und biegt dann zu den Genitalien und Fortpflanzungsorganen ab. Wenn Menschen ihre Lebensenergie oder »Kundalini-Kraft« für Erleuchtung oder Meditation verwenden, so läuft die Energie an den Sexualorganen vorbei und wandert direkt zum Dritten Auge oder zum Kronenchakra.

Bei manchen Menschen ist das durchaus angebracht. In anderen Fällen kann es ein Ersatz sein: man scheut sich davor, die Energie frei und weit im ganzen System wandern zu lassen. Manche Menschen konzentrieren sich direkt auf die spirituelle Anwendung der Energie und fragen sich, warum sie um so kränker werden, je mehr sie sich auf metaphysische Dinge einlassen. Sie sollten viel eher einen Teil dieser Energie hernehmen und Körper und Psyche damit ernähren, anstatt die Kundalini-Kraft nur für die Erleuchtung und die oberen Chakras zu verwenden. Diese Menschen halten ihren Körper für ein Hindernis, einen Feind auf ihrer spirituellen Suche. Sie bringen ihre ganzen Körperenergien auf die höheren Ebenen und schwächen auf diese Weise die Verbindung des Körpers mit der physischen Ebene. Der Körper verschmäht nach und nach die lebensspendenden und regenerierenden Kräfte. Das führt zu einem allmählichen Zusammenbruch der Gesundheit. In manchen Fällen kommt es zu einer plötzlichen Manifestation einer lebensbedrohenden Krankheit. Etwas gemäßigter wäre es, wenn man 50% auf der irdischen Ebene und 50% auf den oberen Ebenen leben würde. Deshalb hören wir oft den Spruch: »Wie oben, so unten«!

Manche Teile des Selbst können so erleuchtet und so alt wie Moses sein, andere Teile sind vielleicht auf irgendeine Weise unterentwickelt. Die Menschen wählen bestimmte Inkarnationen, um Teile ihrer selbst weiterzuentwickeln. Es ist wie bei den Blumen; wir verstreuen Samen im Garten, aber nicht alle keimen im selben Zeitmuster. Bei der menschlichen Seele ist es ähnlich: Wenn wir uns für eine Inkarnation entscheiden, so gibt es immer bestimmte Teile, die schon vervollkommnet sind, andere, die es nicht sind.

Viele Menschen zwingen ihren Körper schon vor der entsprechenden karmischen Zeit zu zölibatärem oder neutralem Leben. Manche älteren Männer und Frauen sind vielleicht nicht mehr an Sexualität interessiert. Das ist auch eine Art von Erleuchtung – die Befreiung von sexuellen Bedürfnissen. Aber dafür bezahlt man natürlich – mit dem Altern. Wenn man in höherem Alter die Sexualität im Körper unterdrückt, so ist das nicht besonders folgenreich. Wenn man es jedoch in jungen Jahren tut, so kann dies stärkere Wirkungen zeigen. Der Körper hat das Verlangen, sich fortzupflanzen; und Sexualität zu unterdrücken heißt, den natürlichen Fluß der Körperenergie zu bekämpfen.

Die Polaritäten heilen und ausbalancieren

Alle Ebenen des Bewußtseins sind in allen Körperebenen vorhanden, sei es innerhalb der Zellen oder in der Aura. Im ätherischen Körper, der elektromagnetischen Ebene jenseits der physischen Ebene, sind die Muster in Übereinstimmung mit den jeweiligen karmischen Herausforderungen, an denen das Individuum arbeitet, niedergelegt. Auf der Ebene des Göttlichen und der Seele gibt es eine Kombination von männlichen und weiblichen Energien, die in kosmischer Neutralität resultiert.

Wie eine Person die männliche und weibliche Polarität in der äußeren Welt ausagiert, bestimmt das Muster seiner oder ihrer karmischen Probleme oder Erfolge; und die Art, wie eine Person die männliche und weibliche Polarität in der inneren Welt verwirklicht, wirkt auf ihre spirituelle Entwicklung ein. Wie die männliche und weibliche Energie im physischen Körper gestaltet ist, und wie diese Energie durch das ganze System zirkuliert, läßt Schlüsse auf der psychologischen und emotionalen Ebene zu. Das ist also der Schlüssel zu Transformation und karmischer Verwandlung.

Wir möchten Ihnen jetzt keinen Schnellkurs in all den alternativen Medizinsystemen geben, in denen das Wissen von dieser männlichen und weiblichen Polarität auftaucht. Es möge genügen zu sagen, daß Sie die ganze Information über Yin und Yang (die männlich/weibliche Polarität) in den asiatischen Traditionen – wie etwa Akupunktur und Ayurveda – finden können, falls Sie das interessiert.

In der jüngeren Geschichte haben viele wissenschaftlich gebildete Menschen verschiedene theoretische Vorstellungen über den menschlichen Körper entwickelt. Eine Theorie behauptet zum Beispiel, daß der Körper selbst Bewußtsein erzeugt und speichert, und zwar durch Energiefelder beziehungsweise Energiemuster. Wenn es gelingt, eines dieser festen Muster aufzulösen, so kann es zu einer physisch induzierten Veränderung des Bewußtseins kommen. Dies kann durch verschiedene Disziplinen der Körperarbeit geschehen, die jetzt allmählich in den Vordergrund treten: die Reichsche Therapie, Rolfing, Hellerwork, Alexander Technik, Trager, Touch for Health, Feldenkrais und Akupressur, um nur einige zu nennen.

Diese körperorientierten Therapien basieren alle auf der Vorstellung, daß der Körper »gepanzert« ist, und daß diese verfestigte Energie verwandelt werden kann. Dies kann Bewußtsein freisetzen oder katalysieren, das dann für Transformation eingesetzt wird. Dabei kann sich auch herausstellen, daß manche Menschen gar nicht wirklich in ihrem physischen Körper zu Hause sind.

Die größten menschlichen Kämpfe haben mit dem Erlebnis des Geliebtwerdens zu tun, aber auch mit emotionalen Traumata infolge von Veränderungen. Die meisten Probleme, die die physische Gesundheit beeinträchtigen, sind von diesen beiden Konflikten verursacht. Es gibt drei Arten, wie Menschen die Beziehung zwischen ihrer Gesundheit, ihrem Körper und ihrem Bewußtsein begreifen können. Erstens gibt es die Menschen, die sich zum äußeren Leben der Persönlichkeit hin polarisieren – und das heißt für sie, daß ihr Körper jenseits aller Absichten und Zwecke ganz einfach ihr physischer Körper ist. Sie identifizieren sich so stark mit ihm, daß sie nicht einmal einen Unterschied zwischen sich und ihm machen. Sie haben keine Ahnung, daß der Verstand oder das Bewußtsein den Körper kontrollieren kann, daß dieses physische »Fahrzeug« einfach nur für diese Inkarnation benutzt wird, und daß ihr Bewußtsein jenseits des physischen Selbst überleben kann.

Es gibt Menschen, die überrascht sind, wenn sie Krebs oder andere schwere Krankheiten bekommen. Sie wissen nicht, warum sie krank werden, sondern geben äußeren Faktoren die Schuld. Diese Menschen haben kein Gefühl dafür, daß ihr Bewußtsein mit dem Körper interagiert. Sie sind überaus stark gepanzert. Sie identifizieren sich mit der äußeren Persönlichkeit, wie sie sich im Körper ausdrückt. Sie haben keine Empfindung von ihrem inneren Leben oder dem Leben und Entwicklungsweg ihrer inneren Essenz. Das sind die Menschen, die sich bereitwillig dem Messer des Chirurgen ausliefern und ihm dem Auftrag geben: »Schneiden Sie es heraus!«

Das ist die Sichtweise eines Automechanikers: diese Menschen betrachten den Körper als Maschine – entweder kann man ihn noch reparieren und mit Ersatzteilen ausrüsten, oder man wirft ihn gleich ganz weg. Die moderne Medizin behandelt den Körper oftmals wie ein Auto oder einen Motor. Diese Sichtweise wird immer wieder außer Kraft gesetzt, wenn Emotionen dazwischenkommen. Sie können nämlich sehr zerstörerisch oder auch sehr positiv wirken. Wenn Emotionen ins Spiel kommen, dann stellt sich die mechanistische Sicht des Körpers als unhaltbar heraus. Die Folge ist ein Kampf zwischen der mechanistischen und der emotionalen Sicht des Körpers, und schließlich werden die Emotionen eingesetzt, um den Verlauf der Krankheit durch Selbstheilung zu verändern.

Dann haben wir eine zweite Kategorie von Menschen, die durchaus wissen, daß ihre Energie und ihr Bewußtsein umfassender ist als ihr physischer Körper. Sie kontrollieren ihn nicht nur, sondern sind auch imstande, sich entweder durch eine Korrektur ihrer Lebensgewohnheiten (Entgiftung und Reinigung) zu heilen, oder dadurch, daß sie den hereinfließenden Strom spiritueller Energie, der von der Seele ausgestrahlt wird und die Ganzheit wiederherstellen kann, steigern. Diese spirituelle Energie erneuert die Körperchemie und kann sogar die gefährlichsten Krankheiten heilen. Durch den Einsatz von kreativer Imagination zur Selbstheilung *erkennen Menschen immer deutlicher, daß das Bewußtsein und die Kraft des Geistes physische Materie verwandeln kann.*

Aber es braucht Zeit, wenn man sich auf diesem Wege heilen will. Es braucht Zeit zu lernen, wie man den

Körper entgiften kann. Es braucht Zeit zu lernen, wie man den Energiefluß zwischen dem inneren Wesen und dem äußeren physischen Körper in Gang setzt. Diese Art des Heilens entspricht dem weiblichen System (der Verbindung von Körper, Intellekt und Geist). Sie ist ganzheitlich. In akuten Notfällen ist sie manchmal nicht anwendbar, statt dessen muß man das männliche Medizinsystem – die allopathische Medizin oder Notfallmedizin – einschalten. Wenn man die Krankheit »angreift« und ihre Symptome chirurgisch verändert oder beseitigt, so ist das ein männlich-kriegerisches Verhalten. Im Laufe unseres Leben brauchen wir vielleicht eine Mischung von beiden Systemen.

Bei einer dritten Gruppe von Menschen sind Teile ihres Bewußtseins nicht ohne weiteres zugänglich, sie sind voneinander getrennt oder entfremdet. Die dysfunktionalen Teile der Psyche – Gedankenformen oder Persönlichkeitsmuster, die im Körper gespeichert sind – können so fest wie Zement, also nahezu unveränderlich sein.

Bei manchen dieser Menschen ist das Bewußtsein weder im Körper noch außerhalb desselben, sondern in vielen verschiedenen Dimensionen und Zeitzonen verstreut. Das sind Personen, in deren Körper Probleme aus vergangenen Leben eingeprägt wurden. Nur in seltenen Fällen ergeben sich diese Probleme aus den physischen Bedingungen ihrer Inkarnation, wie etwa prenatale Störungen, die bereits im Fötus begannen.

Die Lösung für diesen desintegrierten Bewußtseinszustand ist spirituelle Heilung. Menschen, die daran leiden, müssen sich zunächst darauf konzentrieren, sich wieder mit ihrer Seele zu verbinden. Eine spirituelle Suche kann einsetzen, so daß die verbliebenen Teile der Psyche und des Körpers mit der Schwingung der Seele in Einklang gebracht werden. Dadurch können Bewußtsein und Körper wieder zur Einheit gebracht werden.

Ein großer Teil der westlichen Zivilisation ist zur intellektuellen Ebene hin polarisiert. Ja, die ganze Entwicklung der Welt weist in diese Richtung. Das bedeutet, daß fast jeder, der Erfolg haben und mit der allgemeinen Tendenz konform gehen will, die intellektuelle Seite entwickeln muß – weil eben das westliche Modell vorherrscht. Dieser Anpassungszwang beruht aber nicht auf einer Überlegenheit des westlichen Modells, vielmehr beruht diese Vorherrschaft auf einer ideenorientierten Evolution.

Der schnellste Weg zu menschlicher Evolution ist die Veränderung von Intellekt, Glaubenssätzen und Realitätswahrnehmung. Deshalb ist das dritte Chakra – das Chakra des intellektuellen Bewußtseins – für die menschliche Evolution zuständig. Wenn Sie Ihr Leben einzig und allein auf der Basis Ihrer Emotionen leben, und schließlich bemerken, daß Sie immer wieder dieselben Emotionen haben, und daß die daraus resultierende Wirklichkeit nicht funktioniert, dann müssen Sie vielleicht Ihr Denken verändern. Ihre Ideen stimulieren und beeinflussen die Art, wie Sie sich zu Ihren Emotionen *verhalten*.

Wenn wir Krankheit ausagieren, oder auf Grund einer Begebenheit krank werden, für die wir verletzlich sind, so liegt der Schlüssel zur endgültigen Befreiung von dieser Krankheit in der Veränderung unserer seelischen Beziehung zu dem Problem. Einer der Gründe, weshalb Männer nicht so lange leben wie Frauen, liegt darin, daß Männer ihr Karma tendenziell auf dem Schlachtfeld ihres physischen Körpers ausspielen, während das Karma bei Frauen im emotionalen und mentalen Körper bearbeitet wird.

Wenn Sie als Frau geboren wurden, so haben Sie die Fähigkeit, neues Leben zu gebären und wissen um die Heiligkeit des Lebens. Sie haben auch die Anlagen, um Zukunft und Vergangenheit biologisch und emotional zu vereinen. Die männliche Polarität ist dagegen von Natur aus immer in der ewigen Gegenwart zu Hause.

Wenn Sie die weibliche Polarität in sich bewahren, so bewahren Sie das Wissen um Vergangenheit, Gegenwart und Zukunft. Wenn Sie schwanger sind, so sind Sie die Totalität Ihrer vergangenen Erfahrungen. Sie tragen außerdem auch die Gegenwart – den heranwachsenden Embryo – wie auch die Zukunft in sich, weil Sie eine Zukunft für das Kind ins Auge fassen.

Wenn Sie – als Mann oder als Frau – zum Weiblichen hin polarisiert sind, so sind Sie imstande, in die Vergangenheit, Gegenwart und Zukunft zu sehen. Alles Weibliche ist vom Überleben der Spezies bestimmt: dem Drang zu Überleben und dem dazu verfügbaren Wissen.

Kapitel 4: Frauen und der spirituelle Weg

Wenn Sie sich dafür entschieden haben, sich in einem weiblichen Körper zu inkarnieren, so beinhaltet dies den Vorsatz, sich auch mit einem weiblichen Karma-Muster zu befassen. Ihr Lebenslauf und Ihr spiritueller Entwicklungsweg wird davon beeinflußt, ob Sie die Struktur der weiblichen Weisheit akzeptieren können. Vielleicht sind Sie durch Eltern oder Gesellschaft darauf konditioniert, Weiblichkeit auszudrücken – sich in einer Weise zu kleiden, zu verhalten oder darzustellen, die die Rollenerwartungen der äußeren Welt erfüllen, welche ihrerseits wieder durch Kultur, Rasse oder Regierung bestimmt sind. Aber letztlich sind alle diese Normen unwichtig.

Sexualität hat mit der Fähigkeit zu tun, die Spezies fortzupflanzen, das heißt mit der Fähigkeit, sich mit der Lebensenergie und den daraus resultierenden Chemismen zu verbinden, um das Leben der Spezies weiterzugeben. Wenn Ihnen Sexualität zum Problem wird, dann ist auch Ihre Fähigkeit, Ihr eigenes »Selbst« fortzupflanzen und zu regenerieren, bedroht.

Wenn Sie das Ewig Weibliche in Ihr Inneres integrieren, so fördern Sie die Möglichkeit des Überlebens wie auch die Ausdehnung des Bewußtseins. Das ist der Inhalt der weiblichen Polarität. Warum? Weil dieser Prozeß ganz direkt den Vorgang von Schwangerschaft, Geburt und Kinderaufzucht spiegelt. Wenn eine Frau schwanger wird, ohne das Weibliche in sich zu akzeptieren, so wird sie den Mangel an Weiblichkeit, den sie als

Kind erleben mußte, duplizieren. Wenn die Mutter ihre Aufgabe nicht angemessen erfüllt hat, dann wird auch das Wissen dieser Frau über Nähren, Aufblühen, Gewährenlassen und Überleben beschädigt sein.

Wenn eine Frau nicht losläßt, sondern sich andauernd an ihr Kind klammert und durch es lebt, oder wenn sie selbst nur für das Kind lebt, so wird sie zum Parasiten anstatt zur Gastgeberin. Wenn eine Frau von der Gastgeberin zum Parasiten wird, so kann sie den Übergang in die nächste Entwicklungsphase nicht schaffen. Wenn die Mutterschaft vorüber ist, kann eine Frau die ganze Weisheit des Lebens (Geburt, Tod und Neugeburt) in sich tragen und zur Meisterin von Vergangenheit, Gegenwart und Zukunft werden. Sie wird eine »Älteste«, eine »Weise Frau«.

Als Kinder reflektieren wir die Vergangenheit unserer Eltern. Das »ewige Jetzt« hat mit unserer eigenen Sexualität und Fruchtbarkeit zu tun. Die Zukunft kommt herein, wenn wir die Position der Großmutter erreichen. Großmütter und Großväter können in die Vergangenheit sehen. Sie sehen die Weisheit oder den Mangel an Weisheit in der Gegenwart, und sie wissen, was in der Gegenwart vonnöten ist, damit es eine Zukunft gibt.

Männer haben ein anderes Entwicklungsmuster. Wenn Seelen einen männlichen Körper wählen, so setzen sie sich aktiv und kreativ mit der äußeren Welt auseinander. Männer müssen imstande sein, die weibliche Seite in sich und die Frauen in ihrem Leben zu achten und mit ihr in Kontakt zu treten. Sie müssen imstande sein, sich dem Weiblichen zu unterwerfen und sich daran zu binden, damit sie regeneriert, erneuert und geheilt werden können. Dann müssen sie dieses Wissen annehmen und damit die Welt neu erschaffen.

Die weibliche Polarität ist der Schlüssel zu den inneren Reichen, ebenso wie die männliche Polarität der Schlüssel zu den äußeren Reichen ist. Die Welt muß letztendlich wieder damit beginnen, Frauen zu feiern, die Kinder gebären und den weiblichen Schöpfungsprozeß zu ehren. In der Geschichte der menschlichen Evolution werden die weiblich-männlichen Prozesse von beiden Geschlechtern gemeistert werden. Dies ist der Weg zu Erleuchtung und Gleichgewicht in der ganzen Schöpfung.

Menschen durchlaufen mehrere Stadien von Polaritätswechseln. Die Polarität eines Kindes ist bei beiden Geschlechtern dieselbe – eine neutrale Polarität, die vom Überlebensinstinkt beherrscht ist. Das zweite Stadium dreht sich um die Fähigkeit des Kindes, Liebe zu geben und zu empfangen, eine Entwicklung, die in den ersten sieben Lebensjahren stattfindet. Das dritte Stadium konzentriert sich auf die Art, wie das Bewußtsein funktioniert und mit der Wirklichkeit interagiert. Das vierte Stadium spiegelt die Beziehung zu anderen Menschen. Das fünfte Stadium zeigt die Beziehung zur äußeren Welt. Das sechste Stadium beinhaltet die Integration aller Stadien, und das führt schließlich zum siebten Stadium als Widerspiegelung der Göttlichkeit oder der spirituellen Identität. In jedem Stadium werden bestimmte Polaritäten gewählt, je nachdem, ob man nun weiblichen oder männlichen Geschlechts ist, und bestimmte Stadien erfordern um des Überlebens willen einen Ausdruck von Polarität.

Die Mutter ist der Elternteil, der das Kind mit der größten Menge an Karma, Erfahrung und Selbstwahrnehmung prägt. Die Art, wie eine Mutter die männliche Seite der Spezies erlebt, oder wie sie ihre eigene männliche Seite erfährt, erzeugt die Prägung der männlichen Karma-Seite im Kind. Wenn das neu entstehende Wesen durch den Körper der Mutter kommt, so aktiviert es auch seine eigene karmische Beziehung zum Vater. Wenn eine Frau schwanger wird, und der Vater eigenartige Reaktionen zeigt, ohne daß die Mutter sich das erklären kann, so hat das entstehende Wesen vielleicht ein ganz bestimmtes Karma mit dem Vater auszutragen.

Wenn eine Frau schwanger wird, aktiviert sie einen Teil ihrer selbst, der vielleicht viele Leben lang brachgelegen hat oder überhaupt nicht aktiviert wurde. Und zwar ist dies das »Erd-Chakra«, das mit der Erde selbst verbunden ist und als Tor der Erde bezeichnet wird. Wie alle lebenden Geschöpfe bindet sich diese Frau nun an die Wachstumszyklen der Natur, sie stimmt sich auf alles Leben auf der Erde ein wie etwa die Gezeiten, einfach auf alles, was mit dem Leben der Erde selbst zu tun hat. Sie verbindet sich mit dem uralten Wissen, das im Planeten schlummert.

Diese »Erd-Verbindung« von Körper und Bewußtsein, die die Schwangerschaft auslöst, kann eine Frau in Wahnsinn oder Depression stürzen, wenn ihre weibliche Polarität vorher nicht in Balance war. Das ist dann möglich, wenn eine tiefgreifende Trennung von der Erde vorliegt, ein Konflikt zwischen dem Leben auf der physischen Ebene und dem mentalen Leben, oder auch eine Entfremdung und Feindseligkeit gegenüber ihrem eigenen Geschlecht.

Umgekehrt fühlen sich manche Frauen nur dann balanciert und in sich selbst ruhend, wenn sie schwanger sind! Das heißt, daß die Schwangerschaft die einzige Zeit ist, in der sie sich mit den Zyklen der irdischen Ebene verbinden. Frauen, die unter post-partum-Depressionen leiden, werden auf ihre ursprüngliche dysfunktionale Beziehung zur Erde oder auch zum Selbst zurückgeworfen. Sie verlieren ganz plötzlich jegliches »Gefühl« von Verbundenheit mit der Erde, mit anderen Menschen oder mit sich selbst.

In den letzten zwanzig Jahren wollten manche Frauen

nicht schwanger werden, weil sie befürchteten, daß die Erde in einem nuklearen Holocaust zugrundegehen würde. Die biologische Uhr der Empfängnisfähigkeit tickt immer weiter, und diese Frauen wissen nicht, daß sie die Zukunft des Planeten in sich selbst tragen. Wenn Frauen sich zur Fortpflanzung entschließen, so heißt das, daß der Planet eine weitere Generation tragen wird. Darüber kann man natürlich streiten, denn so viele Generationen sind in den Krieg geschickt worden. Trotzdem sollten wir darüber nachdenken: Wenn eine Spezies unfruchtbar, steril wird, so beginnt sie zu schrumpfen.

Weil wir jetzt noch während der Schwangerschaft entscheiden können, ob wir sie austragen wollen oder nicht, haben wir nun Menschen, die physisch gut gewachsene Körper für Kinder erschaffen können. Oberflächlich sieht es so aus, als ob man sich vor dem Kinderkriegen drücken und es auf einen immer späteren Zeitpunkt im Leben verschieben würde. In Wirklichkeit aber entstehen dadurch bessere Inkarnationsmöglichkeiten für neugeborene Seelen. Je älter eine Frau bei ihrer Schwangerschaft ist, um so ruhiger und »verwirklichter« ist sie in ihrem Bewußtsein, ganz im Gegensatz zu der Unruhe und Leidenschaft von Müttern, die durch das Karma ihrer Emotionen schon mit 16 Kinder gebären. Wir verbessern also tatsächlich die evolutionären Inkarnationsmöglichkeiten, die für diese Seelen zur Verfügung stehen.

Das weibliche Kind unterscheidet sich vom männlichen nur darin, daß es meistens von Natur aus eine gut entwickelte Verbindung zur Erde hat, die im Uterus lokalisiert ist. Das ist eine natürliche elektromagnetische Kraft, die ganz prinzipiell, also auch schon vor der Pubertät, bei den weiblichen Mitgliedern der Spezies vorhanden ist. Bei der Pubertät wird dieses Zentrum chemisch aktiviert, und der Paarungstanz beginnt – es kommt zur Fortpflanzung.

Was hat das mit den weiblichen Initiationsritualen zu tun? Wenn wir uns darauf konzentrieren, gesunde Schwangerschaften zu durchleben, sanfte Geburtsmethoden anzuwenden, und wenn wir den Prozeß des Gebärens ehren und hochhalten, so gewähren wir diesen Seelen die Möglichkeit einer höheren Lebensqualität.

Sie werden bemerken, daß die weiblichen Aspekte in der Bevölkerung zugenommen haben. Ganz gleichgültig, ob dies das »Weibliche« im weiblichen Körper oder in einem männlichen Körper ist – das Weibliche wird stärker. Und das wird zur Folge haben, daß die gesamte Spezies die Werte von »lebensbejahenden« Handlungen immer deutlicher werden.

Weil die Rolle der Frauen in den zukünftigen Generationen sehr wichtig sein wird, werden viele kulturelle, soziale und offizielle Grenzen in sich zusammenstürzen, die die Frauen bisher gefangen hielten. Die größte Revolution wird im emotionalen Bereich und im religiösen Denken stattfinden. Frauen sind von Natur aus an das Metaphysische und die tieferen Mysterien gebunden, denn diese Weisheit spiegelt sich in den Funktionen und Formen des weiblichen Körpers. Sie wissen, daß die inneren Mysterien, die komplexen Philosophien, die das Geheimnis des Göttlichen in sich enthalten, nur durch die weibliche Polarität erfahren werden können. Frauen sind für diese Sensibilität und die letztendliche Erleuchtung biologisch geprägt.

Frauen haben um Macht und Mitspracherecht in Politik, Religion und Ökonomie gekämpft. All diese Bereiche haben mit einer Kontrolle von Energieflüssen zu tun. Wenn Frauen diesen Energiefluß kontrollieren, bekommt jeder ein Stück davon. Ein Beispiel soll das beleuchten: Eine Gruppe von Kindern marschiert herein, auf dem Tisch steht ein großer Kuchen, nur reicht er nicht für alle Kinder. Nun wird die Kindergärtnerin alles tun, um sicherzustellen, daß jedes Kind ein Stück vom Kuchen bekommt. Die Energie des Weiblichen ist darauf programmiert, daß »alle« versorgt, gefüttert und ernährt werden müssen.

Das ist eine natürliche Neigung der weiblichen Polarität. Wissen Sie, was geschieht, wenn Sie nur die Hälfte der Kinder füttern? Die andere Hälfte wird zu einer Gruppe von tobenden Wilden! Teilen ist nicht notwendigerweise ein altruistischer Akt: im Grunde sagt Ihnen schon Ihr Gefühl und der gesunde Menschenverstand, daß Sie nicht sechs schreiende Kinder um sich haben wollen, wenn Sie statt dessen auch zwölf glückliche haben könnten. (Sie wollen eben keinen »Krieg«!)

Das ist etwas, was Männer nicht immer verstehen. Die Energie des Männlichen strebt immer nach Ausschließlichkeit und Dominanz. Männer wollen die Einzigen sein. Das ist nicht per se schlecht, so funktioniert die männliche Energie eben! Sie will immer vornedran sein, sie will beherrschen und erobern. Sie sucht die Einheit nicht durch Teilen, sondern durch Erobern.

Deshalb ist das Weibliche also die Vielheit, während das Männliche das Eine ist. Die männliche Energie stellt auf allen Ebenen der Schöpfung die Vereinzelung dar, und das Weibliche vertritt die Einheit, die Synthese oder Verschmelzung.

In unserer gegenwärtigen Entwicklungsphase ist das biologische Geschlecht sehr wichtig. Wir können erkennen, daß es heute viele männlich-weibliche Probleme gibt – sowohl biologisch wie auch psychologisch. Das kann zu Verwechslungen innerhalb der Kundalini-Energie führen, oder auch zu Verwechslungen von widersprüchlichen Botschaften, die diesen Menschen durch ihre familiären, kulturellen und sozialen Situationen vermittelt wurden.

Es gibt noch einen dritten Aspekt: nämlich die Balance oder Synthese sowohl des individuellen wie auch des kollektiven Bewußtseins. Diese dritte Kraft wird zur Verschmelzung der männlich-weiblichen Energie – der göttlichen Polarität. Es ist sehr interessant, daß einige Weltreligionen die männlichen Werte über die weiblichen setzen. Diese Religionen sind zum Aussterben verdammt, denn es fehlt ihnen die »Lebenskraft«, die weibliche, regenerative Energie.

Vereinzelung und Männermacht ist das Merkmal des Fische-Zeitalters. Das Wassermann-Zeitalter dagegen orientiert sich am weiblichen Prinzip. Vielleicht kommt Ihnen das ein wenig merkwürdig vor, denn normalerweise glaubt man, daß das Fischezeichen weiblich polarisiert ist, und dennoch stellte es Individualisierung durch Macht dar. Im Wassermann-Zeitalter verbinden sich die Reiche des höheren Bewußtseins mit dem Weiblichen. Der nächste Evolutionsschritt wird sein, daß man den Nutzen der Vielen dem Nutzen des Einzelnen überordnet.

Das Wort »Erleuchtung« hat im Laufe der Zeit alle möglichen Bedeutungen angenommen. Jede Religion und Philosophie hat ihre eigene Vorstellung davon, was es bedeutet, mit Licht gefüllt zu sein. Dieses Wort beinhaltet ganz buchstäblich die Vorstellung, Licht ins Dunkel zu bringen. Aufgrund dieser Definition können wir intellektuell, physisch, emotional und spirituell erleuchtet werden. In unserer Zeit suchen Frauen das Licht in all diesen Bereichen. Wenn Frauen auf der materiellen Ebene erleuchtet werden, so werden sie auch beginnen, die Erleuchtung auf den nichtmateriellen Ebenen zu suchen – was wir die innere Suche nach spiritueller Erleuchtung nennen. Meine eigene Definition richtet sich auf den Augenblick, in dem ein menschliches Wesen mit dem Göttlichen in der ganzen Schöpfung eins wird. In diesem Augenblick geht alles Leiden, jeder Schmerz und jede Entfremdung zu Ende.

In unserer Zeit wurde der spirituelle Platz, der den Frauen im Universum zugedacht ist, durch die androzentrischen Dogmen des Judentums, des Christentums und des Islam definiert. Der Buddhismus wird seiner Theorie entsprechend für egalitär gehalten, aber in Wirklichkeit sind die einzigen Göttinnen, die als Buddhas dargestellt werden, Kuan, Yin und Tara, während die himmlischen Buddhas angeblich neutral sind, also beide Geschlechter in sich enthalten. Im Islam ist der Prophet Mohammed männlich, und Gott wird ebenfalls männlich gedacht. Bei den Hindus gibt es ein Pantheon von Göttern und Göttinnen, aber sozial gesehen sind Frauen in Indien und dem Fernen Osten Bürger zweiter Klasse.

Im nächsten Jahrhundert werden wir eine Revolution mit sehr schockierenden Ergebnissen erleben. Frauen werden als Heilige und als spirituelle Führer auftreten. Die spirituelle Bewegung der esoterischen und schamanistischen Gruppen, die sich auf den *weiblichen Prozeß der inneren Einweihungserlebnisse* gründet, wird Frauen in ihrer Suche nach spiritueller Erleuchtung zu Macht und Geltung verhelfen.

Es gibt zwei Wege zur Erleuchtung: der männliche Weg erlangt Erleuchtung durch Anhängerschaft, Gehorsam und Hingabe an Dogmen oder Ideen; der Weg des Weiblichen erlangt Erleuchtung durch die Suche nach innerer Wahrheit. Vermittels dieses Prozesses verbinden sich Frauen mit dem inneren Göttlichen des Selbst und mit dem göttlichen Schöpfer. In der Evolution der Menschheit gibt es eine Bewegung, die zum Weg des Weiblichen führt. Und Frauen sind von Natur aus besser dafür geschaffen, damit umzugehen!

Sie sind besser ausgerüstet und geschult, um das

innere Leben zu akzeptieren, als es Männer heute sind. Das ist eine sehr weitreichende und wichtige Aussage. Aus diesem Grund findet man in Seminaren, die die Entwicklung von metaphysischem oder menschlichem Potential zum Inhalt haben, meistens Frauen als Teilnehmerinnen. Daß es heute in der Bevölkerung mehr Frauen als Männer gibt, ist also nicht der Grund. Sondern Frauen haben in diesem Jahrhundert begonnen, die wundersamen neuen Bereiche des inneren Lebens zu erforschen, und sie fühlen sich dabei überaus wohl. Frauen werden heute ermutigt, ihr inneres Gefühlsleben zu entwickeln, anstatt ihre Energie nach außen zu lenken.

In der Vergangenheit hat die männlich-orientierte Machtstruktur diese einfache, ehrliche Bereitschaft, sich von der Schwerkraft der geheiligten inneren Wahrheiten anziehen zu lassen, bagatellisiert. Und es ist doppelt verletzend, daß fast in der gesamten westlichen esoterischen Literatur die Erleuchtung durch den »Christusweg« im Zentrum steht, und das ist durch die Vorstellung eines »Gottvaters« im androzentrischen Sinne tendenziös. Die männlichen religiösen Hierarchien haben eine sexistische, einseitige Interpretation der heiligen Weisheit hervorgebracht. In den kommenden Jahren wird vieles von der christlichen und buddhistischen Weisheit in einem ganz anderen Licht interpretiert werden, und zwar entsprechend der inneren Wahrheit all jener, die den Weg der weiblichen Einweihung wirklich gegangen sind. Wenn ich über die Erleuchtung von Frauen spreche, meine ich damit eine Transformation, die das Schicksal der Menschheit und des ganzen Planeten beeinflussen wird.

Durch das Geburtserlebnis öffnen sich Frauen oftmals auch spirituell. Die Mutter ist die allerwichtigste Wirkungskraft im Leben eines sich inkarnierenden und heranwachsenden Wesens. Sie bestimmt das Muster, in dem Liebe gegeben und empfangen wird, sie bestimmt die Wahrnehmung und die Haltungen gegenüber der Welt, wie auch die inneren Haltungen zum Selbst. Auch die Art, wie die Mutter von anderen Menschen behandelt wird, prägt sich dem Kind ein. Die Mütter tragen das Karma des Kindes. Alles, was der Mutter während der Schwangerschaft widerfährt, geht unmittelbar auf das Kind über. Unsere Haltung zur Mutterschaft, zu einer Frau, die ein werdendes Leben trägt, bestimmt das Inkarnationskarma für das Kind.

Dieses Kind ist in Wahrheit aber ein altes Wesen, das sich entschlossen hat, sich im Körper eines Säuglings zu inkarnieren! Diese ewige Seele hat sich bereits für die Materie – die Mutter – entschieden oder ist von ihr angezogen worden, und zwar durch formähnliche, »sympathische« oder notwendige karmische Muster. Karma ist nicht die Verantwortlichkeit der Mutter, und sie ist auch nicht die alleinige Verursacherin! Wenn ein Kind in eine schlechte Situation geboren wurde, so ist dies nicht die Schuld der Mutter; das sich inkarnierende Wesen hat seine eigenen positiven oder negativen Charakterzüge, die genau an diese Situation angezogen wurden.

Letztlich liegt es in der Verantwortung des sich inkarnierenden Wesens, herauszufinden, warum es diese Familie, diese Mutter, diesen Vater und diese Umweltfaktoren ausgesucht hat, die die jeweiligen karmischen Muster auslösen werden. Die Aussicht auf Mutterschaft, der Geburtsakt und das Aufziehen des Kindes sind in sich ein Evolutionsweg für Menschen, die sich bei ihrer eigenen Inkarnation für die weibliche Geschlechtszugehörigkeit entschieden haben.

Nicht alle Frauen sind für den Weg der Mutterschaft bestimmt. Die feministische Bewegung hat es so ausgedrückt: »Augenblick mal! Wir haben eine Seele! Wir haben verschiedene karmische Bedürfnisse in unserer Inkarnation. Wir müssen diese Muster auflösen, deshalb brauchen wir mehr verschiedene Möglichkeiten!« Heute wird es ganz generell akzeptiert, daß Frauen ein Recht haben, an ihrem Karma zu arbeiten und nach Erleuchtung zu streben. Aber vergessen Sie nicht, daß die Welt vor nur 300 Jahren dem Glauben anhing, daß Frauen keine Seele hätten!

Dieses Buch bezieht sich auf die westliche, europäische Zivilisation. Westliche Frauen haben mehrere Möglichkeiten. Deshalb ist Spiritualität und Erleuchtung heute ein großes und immer noch wichtiger werdendes Thema geworden. In immer größerer Zahl streben Frauen nach Aufklärung durch Erziehung, Philosophie und Denken. Frauen suchen Erleuchtung durch Dienen: als Ärztinnen, Wissenschaftlerinnen, Mathematikerinnen und Geschäftsfrauen. Frauen greifen im weltlichen Bereich nach der Macht, und das wird das Gleichgewicht der Mächte in der Welt verändern. Man kann nur hoffen, daß Frauen auch alternative Modelle von kooperativem Leben anbieten werden.

Immer mehr Frauen widmen sich auch religiösen, philosophischen und spirituellen Disziplinen. Hier ist der Kampf am dramatischsten. Ob Sie es glauben oder nicht: die leichtesten Siege können Frauen in der Geschäftswelt erringen. Die letzten Sperren erheben sich in den Korridoren der religiösen Ideen und Einflüsse. Hier werden Frauen am heftigsten kämpfen müssen, und zwar vor allem deshalb, weil der Archetypus des männlichen Gottes so fest im Unterbewußten der Massen verankert ist.

Die weibliche Erleuchtung im nächsten Jahrhundert wird sich verwirklichen, wenn es Frauen erlaubt sein wird – eigentlich sollte ich sagen, wenn Frauen darauf bestehen – in den religiösen Hierarchien vertreten zu sein. Vielleicht haben wir eines Tages einen weiblichen Papst. Wenn die gegenwärtige Machtstruktur der vatikanischen Hierarchie abstirbt, werden mehr und mehr Frauen als spirituelle Führerinnen und Freiwillige gebraucht werden. Frauen werden nicht dienen, wenn sie nicht auch an der Macht teilhaben.

Der Evolutionsweg der Frauen

Der erste Schritt in der weiblichen Evolution besteht darin, sich bei der Inkarnation für einen weiblichen Körper zu entscheiden. Diese Entscheidung beinhaltet ganz automatisch, daß ein karmisches Muster gemeistert wird, das in der Pubertät biologisch aktiviert wird: eine Frau kann das Potential ihrer Lebenskraft im Fluß ihres Menstruationszyklus wiedererkennen. Und sie kann von innen her verstehen und akzeptieren, daß ihre Fähigkeit, Leben in sich zu tragen und Liebe zu geben und zu empfangen (zu gebären und zu nähren), ein ebenso legitimer Erleuchtungsweg ist, wie jeder andere Weg in der äußeren Welt.

Der erste Menstruationszyklus bei Beginn der Pubertät ist der Übergangsritus zur Weiblichkeit. Es ist der Rhythmus des Lebens. Das ist die Zeit, in der eine Frau ihre Mondgebundenheit, ihre Menstruationen akzeptiert. Wenn sie Kinder haben möchte, so achtet sie auf diesen Rhythmus. Aber auch wenn sie keine Kinder haben will, muß sie ihren Menstruationszyklus – den Rhythmus der Lebenskraft in der Schöpfung, das Fortpflanzungspotential – pflegen, um sicher zu sein, daß sie in Kontakt mit der Erde bleibt. Mit anderen Worten: Die bloße Tatsache, daß Sie keine Kinder haben, bedeutet keineswegs, daß Sie Ihren Mondrhythmus verdrängen oder ignorieren sollten. Feiern Sie während der Menstruationstage Ihre Fähigkeit, Leben hervorzubringen. Das Feiern beginnt, wenn das Kind zum Mädchen und dann zur Jungfrau wird, um schließlich zu Mutterschaft zu gelangen. Wenn man Kinder gehabt hat, wird man zur »Frau«.

Junge Frauen können entscheiden, ob sie durch Partnerschaft, Ehe und Mutterschaft gehen wollen. Wenn ja, so unterstützen sie damit die Erleuchtung der Spezies. Manche Frauen verwenden die Energie, die sie in die Aufzucht von Kinder stecken könnten, für ihre eigene Erleuchtung. Dieser Weg führt Frauen letztendlich zu einer Funktion als Lehrerin, wo sie zur Erleuchtung von anderen Menschen beiträgt.

Zwischen 35 und 42 konzentriert sich die Frau darauf, ihre Identität als eine »Frau« in der äußeren Welt zu gestalten. Das kann eine schwierige Zeit sein, wenn sie bis dahin nur durch ihre Kinder gelebt hat, vor allem dann, wenn ihre Identität und ihre Perspektiven in dieser Inkarnation einzig und allein durch ihre Kinder bestimmt sind. Denn die Kinder müssen, um in ihrer Individualität und Identität zu überleben, die Verbindung mit ihrer Mutter zurückweisen.

Es ist sehr wichtig, sich folgendes vor Augen zu halten: Alle Frauen brauchen außer ihrer mütterlichen Funktion und der Verbindung mit ihren Kindern auch ein Gefühl ihrer eigenen individuellen Identität. Wir wissen, daß es eine Menge Energie kostet, Kinder aufzuziehen und daß es eine spirituelle Disziplin ist, eine gute Mutter zu sein. Aber das ist nicht die ganze Identität der Seele. Denn schließlich ist diese Person auch ohne Kinder eine spirituelle Entität. Etwa mit 35 Jahren treten Frauen allmählich in den Prozeß der Selbstdefinition und Identitätsfindung ein, und sollten sich für diesen Prozeß auch Zeit nehmen.

Vom zweiundvierzigsten bis zum sechzigsten Lebensjahr öffnet sich das Dritte Auge, und es beginnt ein Prozeß, in dem die Verbindung der äußeren, weltlichen Identität mit der Identität der Seelenebene hergestellt wird. Dies verstärkt die schöpferischen Fähigkeiten von Frauen und hilft ihnen, ihre Kinder loszulassen. Das kann zu einer sehr mächtigen und tiefgreifenden Zeit in ihrem Leben werden.

Von der Menopause an geht der Fluß des Lebens nach innen. Nun gibt es im Prinzip zwei Möglichkeiten: Entweder man widmet sich dem Dienen oder aber man nimmt die ganze Energie, die in den Partner und die Kinder investiert wurde, und verwendet sie für die eigene Erleuchtung. Wenn Frauen sich in ihrem Leben für Selbst-Erleuchtung entschieden haben, so werden sie diese Erleuchtung jetzt anderen weitergeben wollen. Wenn sie ihre eigene Erleuchtung hinter den Bedürfnissen von Ehemann, Partner oder Kindern zurückgestellt haben, so ist jetzt die Zeit, ihre Energie auf Selbst-Erleuchtung zu verwenden.

Für alte Frauen – Weise Frauen – ist Teilen, Lehren und bedingungslos zu lieben die bewußteste Art zu leben. Wenn Frauen sich aber dafür entscheiden, ihre Energien auf die Suche nach dem Göttlichen zu konzentrieren, so werden sie sich besonderen Ausbildungen und Lehrern unterziehen, die sie in diesem Ziel unterstützen. Oftmals werden in diesem Alter besondere Studien und spirituelle Übungen vollzogen – und sie führen Frauen auf viele verschiedene Wege, auf denen sie ihre Spiritualität ausdrücken können.

Kapitel 5: Die Entwicklungswege der weiblichen und männlichen Einweihung

Die meisten organisierten Religionen einschließlich des konventionellen Christentums sind auf dem männlichen Entwicklungsweg. Der frühere Teil der Bibel basiert auf den Zehn Geboten, die die maskuline Befolgung eines strengen Gesetzescodes intendieren. Jesus Christus sprach von den Zehn Geboten, aber selbst hat er den weiblichen Entwicklungsweg vertreten. Er forderte keinen Gehorsam gegenüber dem Alten Testament, sondern setzte sich für Hingabe und die Öffnung des Herzens ein. Die Hingabe bringt das Herz auf die weibliche Seite. Und sich der Vorstellung vom Göttlichen als »Liebe« hinzugeben, erfordert die Akzeptanz der weiblichen Polarität, weil man nur durch das Prinzip der Liebe »erschaffen« kann. »Leben in sich zu tragen«, ist schon per se eine Idee und ein Energiemuster, das sich aus Liebe herleitet.

Es gibt einen Unterschied zwischen dem weiblichen und dem männlichen Zugang zu Gott: Wenn man dem weiblichen Weg folgt, so würde man einen anderen Menschen ermutigen, eine unmittelbare Erfahrung des Göttlichen zu machen, was immer auch daraus entstehen mag. Wenn man sich jedoch auf dem männlichen Pfad befindet, so muß man bestimmten Dogmen oder klerikalen Instanzen folgen.

Christus wußte, daß die kommenden Jahre die maskuline Form von Kriegen zwischen Stämmen beziehungsweise androzentrischen Kulturen erfordern würde, um das negative Karma der Zivilisation voll auszuleben. Er wählte zwölf männliche Apostel, weil diese Männer in das Feminine initiiert werden mußten. Er tat es, damit spätere Generationen Vorbilder haben würden, denen man nachstreben konnte. Denn sonst hätte es vielleicht geheißen, daß Jesus Christus eine Ausnahme war. Er war es nicht. Er hatte zwölf Menschen, die (zur Zeit ihres Todes) das Christusbewußtsein verwirklicht hatten: das Bewußtsein der weiblichen Polarität, das Bewußtsein des offenen Herzens.

Unglücklicherweise verstand das Mittelalter die von Jesus Christus vollzogene Ernennung von zwölf männlichen Aposteln in dem Sinne, daß nur Männer so wie Christus werden konnten. Wenn Sie die Geschichte sehr sorgfältig betrachten und über die Frauen lesen, die Christus nachfolgten, so werden Sie bemerken, daß Christus die Frauen verehrt hat. Und anhand seiner Beziehungen zu den Frauen werden Sie erkennen, daß er Maria Magdalena als gleichwertig behandelt hat.

Religiöses, metaphysisches und philosophisches Denken heißt, sich dem Weiblichen zu nähern, es ist eine unmittelbare Erfahrung des Göttlichen. In der androzentrischen Sicht des Christentums muß man glauben und auf Christus als Vermittler, als Fürsprecher vertrauen. Dies steht im Gegensatz zum weiblichen Prinzip: dort geht es um das Streben nach dem Göttlichen und die unmittelbare Erfahrung des Göttlichen, und zwar in einer Weise, die es Ihnen erlaubt, in Ihrem eigenen Rhythmus, auf Ihrem eigenen Weg, auf Ihre eigene Weise zu Gott zu kommen. Dieser Weg löst karmische Muster auf. Er erlaubt der betreffenden Person auch, Mitschöpfer zu sein, und nicht einfach nur ein Kind Gottes. Ein Weg verlangt von Ihnen den Status des Kleinkindes, der andere Weg erlaubt Ihnen, Mitschöpferin zu sein und eine gottähnliche Position zu beziehen. Ich glaube, daß einige der Lehren von Jesus Christus falsch interpretiert worden sind. Christus wollte nicht, daß sich Menschen an Gott oder an ihn selbst wie an einen Vater oder eine Vermittlungsinstanz klammerten. Ich glaube, er wollte sagen, daß ein Kind offen und liebevoll sein muß, um sowohl geben wie auch empfangen zu können, um staunen, genießen und feiern zu können. In diesem Augenblick werden Sie immer den Geist des Göttlichen in allen Dingen wahrnehmen. Im Geiste eines Kindes und mit der Freude eines Kindes zu Gott zu kommen, ist die Hingabe, von der Er spricht.

Ich möchte noch über die Beziehung des Weiblichen zur Evolution der Menschen sprechen. Dies ist ein wichtiges Thema, und zwar wegen des Krieges zwischen den Geschlechtern und zwischen bestimmten Denkrichtungen und philosophischen Systemen, die sich mit der Geschlechterdifferenz befassen. Ich möchte die Transformation verdeutlichen, die im Bewußtsein und im Herzen von Frauen und Männern überall stattfindet.

Die ewige Schwingung von »Liebe und Wahrheit« – dieser ozeanische Klebstoff – drückt sich als weibliche Energie aus und wird ausschließlich von weiblichen Energien oder Aspekten getragen. Warum und weshalb? Beginnen wir mit dem menschlichen Körper. Im biologischen Aufbau von menschlichen Wesen gibt es eine Bipolarität. In den höheren Formen des Lebens auf dem Planeten gibt es diese Bipolarität in Form des männlichen und weiblichen Geschlechts. Die physische Organisationsstruktur des Organismus ist überaus komplex und genügend entwickelt, um beide Polaritäten gleichzeitig in sich zu enthalten. Insofern ist sie also bipolar.

Da Menschen nicht imstande sind, willentlich ihre Geschlechtsbestimmtheit zu verändern, ist die Diskussion über die männlich-weiblichen Energien im Inneren eines jeden Menschen ein heikles Thema. Wir haben es bei der Erörterung von Geschlecht und Identität kurz gestreift. Die Schwingung des Männlichen und Weiblichen in sich zu tragen, ist auch ein Merkmal eines hohen Entwicklungsstandes in der esoterischen oder metaphysischen Philosophie.

Wenn man hauptsächlich die männliche Polarität in sich trägt, so ist das Leben der Handlung gewidmet. Dabei spielt es keine Rolle, ob diese Handlung im richtigen Einklang mit dem Göttlichen steht oder davon abweicht. Handlung ist Handlung – auf allen Ebenen der physischen Welt. Wenn ein Leben der Handlung gewidmet ist, so enthält es meist nicht viel verinnerlichtes Denken. Das Thema eines solchen Lebens ist die Expansion in der Außenwelt – auf allen Ebenen.

Wenn ein Organismus um die weibliche Polarität kreist, so geht die Bewegung nach innen – es geht um Befruchtung, um Empfänglichkeit. Aber eine einzige Polarität kann sich nicht ständig selbst erhalten. Mit anderen Worten: Auch wenn Sie ausschließlich weiblich sind und aus der weiblichen Seite leben, so können Sie trotzdem nicht das ganze Leben lang nur empfangen. Vielmehr muß man beide Polaritäten in sich tragen.

Die meisten Seelen geraten aus dem Gleichgewicht, wenn sie nur eine Polarität ausbilden. Manche Seelen müssen aufgrund ihres Karmas eine einzige Polarität ausagieren. Sie manifestieren eine bestimmte Polarität, damit sie die entsprechende Energie richtig auszubalancieren lernen. In dieser Phase der menschlichen Entwicklung müssen die meisten Menschen noch immer sowohl mit der männlichen wie auch mit der weiblichen Polarität in Kontakt treten.

Wenn wir uns entschließen, die weibliche Seite zu leben, so gehen wir nach innen. Wenn wir uns entschließen, zu empfangen, dann müssen wir akzeptieren, was wir erhalten. Wenn wir akzeptieren, was wir erhalten, so wird es uns entweder umbringen oder stärken. Es ist ähnlich wie bei der Beziehung zwischen Parasit und Gasttier. Der Parasit wird entweder akzeptiert oder zurückgewiesen. Was wir in uns aufnehmen, kann uns schaden: es kann uns vergiften. Durch die Art des Empfangens kommt es zu einer Verwandlung, es entsteht eine dritte Energie, eine alchemische Regeneration. Die Kunst, das Weibliche zu meistern, besteht also in Empfangen, Akzeptieren und sich damit Vereinigen. Aus dieser Vereinigung entsteht eine dritte Energie, oder ein neuer Bewußtseinsschritt.

Alle Menschen, die diesen Prozeß gemeistert haben, sind imstande, die »lebensbejahenden« Normen und Werte in der Dynamik der Schöpfung zu verstehen. Es ist der Schlüssel zur menschlichen Evolution und der Evolution des Planeten. Viele Menschen, deren Polarität zum maskulinen Prinzip tendiert, haben andere ethische Standpunkte als Menschen, die mit dem Weiblichen in Kontakt stehen. Warum ist das so? Wir wissen, daß wir einen größeren Respekt für das Leben haben, wenn wir neues Leben in uns tragen; unsere Werte sind »lebensbejahend« und zukunftsorientiert.

Gegenwärtig haben wir Krieg zwischen diesen beiden Modellen, die die Art des Lebens und der Beziehung zur Welt bestimmen. Es gibt viele Opfer und viele unschuldige Menschen, die diesem Krieg zum Opfer fallen. Es ist ein Krieg, der innerhalb der Psyche stattfindet – zwischen unserer männlichen und weiblichen Seite. Wenn die inneren Kundalini-Konflikte gelöst worden sind, so werden beide Seiten befreit werden. Die Polaritäten werden dann weder männlich noch weiblich sein. Der mittlere Hauptkanal der Wirbelsäule wird geöffnet. Die Dreiheit von Vater, Mutter und der dritten Energie, dem mittleren Kanal oder *Shushumna* wird eins werden, und das Heilige Feuer erhebt sich zum Kronenchakra und läßt dort Erleuchtung entstehen.

Die Geschichte der menschlichen Evolution schwingt ständig zwischen der männlichen und weiblichen Polarität hin und her. In der Frühgeschichte der Menschheit war es ein deutliches Bewußtsein des Femininen, das sich als die Gestalt »der Göttin« darstellte – die Erde als Göttin, als Mutter allen Lebens. So war es zu Beginn aller menschlichen Kulturen. Die Menschen wußten, daß sie aus der Frau geboren waren; die frühen Kulturen hoben die weibliche Polarität unserer Gattung hervor, um sie als das Wunder des Lebens zu verehren, das unmittelbar zum Göttlichen führte. Warum? *Weil in allen Bereichen alles aus der weiblichen Polarität geboren wird.*

In der Antike haben die Menschen anerkannt, daß Götter, Göttinnen, aber auch der Aufbau des Bewußtseins und der Verehrung des Göttlichen dieses kosmische Bewußtsein des Weiblichen reflektierte. Buddha und Christus haben sich inkarniert, um unsere maskuline Polarität zu lehren, wie man die Erleuchtung erlangt. Menschen, die in der maskulinen Polarität zentriert sind und sich dem Weiblichen in ihrem Inneren unterwerfen, können die Transformation zum dritten Aspekt erlangen, den man auch als Heiligen Geist oder das Göttliche nennt.

Lesen Sie jetzt noch einmal diese letzte Aussage. Sie klingt ganz anders als das, was man in den konventionellen Lehren zu hören bekommt, nämlich, daß das Männliche das Weibliche befruchtet. Der wirkliche Prozeß beginnt damit, daß unsere innere männliche Polarität sich dem Weiblichen im Inneren unterwirft und sich daran bindet. Dabei spielt es keine Rolle, ob Sie Frau oder Mann sind. Schon allein durch diesen Akt der Unterwerfung und Verbindung des männlichen Selbst mit dem weiblichen Selbst sind Sie befähigt, das Reich des Göttlichen zu betreten.

Dieser Prozeß spiegelt einen entscheidenden Punkt in der menschlichen Evolution wider. Es gibt auf der ganzen Welt eine Bewegung in die Richtung dieser Vereinigung. Die Menschen auf dem Planeten versuchen sich Gott zu nähern, mit dem Geist in allen Dingen in Kontakt zu treten, die Stimme des Geistes zu hören und zu verstehen und dem Göttlichen näher zu kommen, damit sie sich nicht selbst in die Luft sprengen oder auf chemischem Wege vernichten. Aufgrund dieses Zwanges gibt es eine Rückkehr zu den Werten, die aus dem Weiblichen stammen und durch die Energien und die geistige Arbeit mit dem Göttinprinzip in Erscheinung treten. Der Geist – oder die nichtphysischen Reiche – sind nur durch das Weibliche erreichbar.

Was tun wir während dieses Prozesses mit unserer männlichen Seite? Wir verwenden die maskuline Polarität, um das Feminine in Handlungen in der äußeren Welt, auf der physischen Ebene auszudrücken. Dieses Vorgehen entspricht dem Symbol des griechischen Janus-Mythos. Das ist der Gott mit den zwei Gesichtern, in anderer Form auch die Doppelaxt, das Symbol der kretischen Göttin. Dies symbolisiert nicht notwendigerweise die Polarität des Männlichen und Weiblichen, vielmehr ist das eine Gesicht nach innen zum Reich des Geistes gekehrt, und die andere Seite symbolisiert die im Äußeren manifestierte physische Welt. Die Psyche ist doppelgesichtig: sie wendet sich nach innen, um mit dem Geist in Kontakt zu treten und wendet sich nach außen zur Welt der Form. Wir können auf die Welt der Form entweder durch unmittelbare Handlungen einwirken, oder aber dadurch, daß wir das zur Wirkung bringen, was durch die weibliche, innere Seite aktualisiert wurde.

Wenn eine männliche Polarität Werte der männlichen Polarität in die äußere Welt hinauskatapultiert, so führt dies letztendlich zu Zerstörung oder dem aktiven Prinzip der Involution. Involution ist ein Vorgang, der nicht von der Seele oder vom Bewußtsein gelenkt wird und er regeneriert sich auch nicht selbst. Ein Beispiel dafür wäre ein Land, das Krieg führt, um mehr Territorium zu erobern. Die Geschichte hat uns gelehrt, daß Kriege, die um des Gewinnes willen geführt werden, letztlich zu einem negativen Ergebnis führen. Sie sind kein lebensspendendes regeneratives Unternehmen. Wenn jedoch eine Handlung von der männlichen Polarität ausgeht, deren innere Substanz oder Motivation von der weiblichen Polarität gelenkt wird, so besteht ein Gleichgewicht von Zielen, Normen und Werten, welches die gesamte Lebensenergie fördert und auch Anerkennung von nichtmateriellen Werten schafft. Werte, die von unmittelbaren Bedürfnissen diktiert oder danach ausgerichtet werden, sind lediglich die zum Überleben notwendigen Erfordernisse der physischen Ebene. Eine männlich-weiblich ausbalancierte Polarität achtet das ewige Drama von Geburt, Tod und Neugeburt. Wenn eine Handlung, die durch die männliche Polarität erzeugt wird, in ihrem inneren Inhalt vom Weiblichen bestimmt wird, so speist diese Handlung die Evolution beziehungsweise die Vorbereitung auf die Zukunft.

Das Weibliche trägt die Vision der Zukunft in sich, während das Männliche die Vision des Jetzt darstellt. Das Weibliche trägt auch die Vision der Vergangenheit in sich. Um in die Zukunft zu sehen, müssen wir auch ein Gefühl für die Vergangenheit haben. Wenn wir kein Wissen von der Vergangenheit haben, sind alle unsere Handlungen nur reaktiv. Wenn wir von der maskulinen Polarität, dem ewigen Jetzt kommen, denken wir nicht darüber nach, was kurz zuvor geschehen ist, wir denken nur über die unmittelbaren Notwendigkeiten nach.

Nur wenige Menschen haben die Erleuchtung im Sinne des Zen-Buddhismus gemeistert, die das Bewußtsein vom »ewigen Jetzt« verwendet, um eine spirituelle Öffnung zu erreichen. Das Konzept des »ewigen Jetzt« heißt das Leben für den unmittelbaren Augenblick zu leben und in diesem Augenblick das gesamte Bewußtsein zu fokussieren. Anders gesagt: Jetzt in diesem Augenblick »wach« zu sein. Wenn wir diesen Zustand aufrechterhalten können, so wohnen wir in göttlichem Bewußtsein. Christus lehrte, daß wir, wenn wir vom »ewigen Jetzt« kommen und akzeptieren, daß dieses Jetzt »gottgeschaffen« ist, ständig und fortwährend in das Ewige – die Tore des Himmels – eintreten können. Wir können uns vom Rad der Wiedergeburt durch eine Einheit mit Gott befreien.

Das, worüber wir hier sprechen, sind die Bausteine der Evolution. Für die Erhaltung und Regeneration der Erde müssen wir zu einem Punkt kommen, an dem das Weibliche in das Bewußtsein der Öffentlichkeit gebracht wird, damit seine Normen und Werte die Führung übernehmen können. Wenn dies geschieht, wird die Erde wieder ins Gleichgewicht kommen. Die moderne Verbreitung des weiblichen Blickwinkels kann die Lehren Christi wieder ins rechte Licht rücken, die pervertiert wurden, damit ein sexistisches Kirchensystem entstehen konnte. Wenn wir die Lehren von Christus und der Göttin richtig tradieren, dann werden wir eine kosmische Vereinigung des Männlichen und Weiblichen haben: das Königreich des Himmels wird dann auf der Erde herrschen – und das ist menschliche Evolution.

In der ganzen Geschichte des Universums gibt es viele vernunftbegabte Wesen, die sich genau darum bemüht haben. An diesen Evolutionsweg ist auch die Erde kosmisch gebunden. Auf diese Weise funktionieren alle evolutionären Entitäten wie der Planet Erde und größere galaktische Systeme. Dies sind die Bausteine des Systems – das Gesetz der Polarität – das gleichzeitig auch das Gesetz von Ursache und Wirkung ist. Das Göttliche drückt sich beständig durch dieses System aus, und wenn es die Vollkommenheit erreicht hat, wird ein anderes Universum entstehen. Das ist ein kosmisches Gesetz. Je eher wir dies wissen, um so eher können wir uns auf diese kosmische Kraft einstellen und in Harmonie leben.

Die Integration der Chakren-Energien

Es ist die mangelnde Integration dieser Energien, die Armut und Krankheit erzeugt. Die mangelhafte Integration der polaren Kräfte führt zu verschlossenem Herzen, und das wiederum führt dazu, daß der Strom von Mitgefühl, Teilnahme und Heilung unterbrochen wird. Dies erzeugt soziale Probleme, und daraus entsteht dann wiederum Krieg – also der Prozeß der Involution und Zerstörung. Das klingt alles sehr kompliziert, und doch ist es auch wieder recht einfach.

Ich habe bewußt die weibliche Polarität und ihre Funktionen erklärt, einfach deshalb, weil das menschliche Evolutionssystem verlangt, daß Menschen die weiblichen Energien in ihrem Inneren lösen, integrieren, harmonisieren und sich mit ihnen vereinigen. *Aber das müssen sowohl Männer wie auch Frauen tun.* Obwohl Frauen biologisch dafür prädisponiert sind, sich auf diese Wahrheit einzustimmen – denn es ist in ihrem System enthalten – sind sich noch immer viele Männer und Frauen über die Wissenschaft der Polarität im unklaren. Nur weil eine Frau eine Frau ist, heißt das noch lange nicht, daß sie ein Wissen um die weibliche Polarität hat, selbst wenn sie einen weiblichen Körper für ihre Inkarnation gewählt hat.

Wenn wir menschliche Wesen betrachten, können wir ihre Chakren und die drei langen Lichtkanäle visualisieren, die sich in der Körpermitte überkreuzen. Diese drei Kanäle überschneiden in vertikaler Reihenfolge die sieben Chakren im Körper. Aber man sieht vielleicht nicht immer, daß einige Chakren und/oder Lichtkanäle (*Ida* und *Pingala:* männlich und weiblich) geschlossen, blokkiert, verdreht oder zerbrochen sind. Das Rückgrat transportiert den Shushumna-Kanal, und in *Shushumna* verläuft die Kundalini-Energie – das Licht und die Energie – das Heilige Feuer, das alle Chakren miteinander verbindet, das aber auch die Erde und alle Ebenen des kosmischen Universums und seiner Dimensionen mit dem physischen Körper verbindet.

Um sich zur weiblichen Polarität hin zu orientieren, müssen alle Chakren mit dem Weiblichen mitschwingen. Das erste Chakra ist Sexualität und Lebenskraft. Männliche Polaritätsprobleme treten durch unangemessenen Ausdruck von sexueller Aktivität in Erscheinung. Wenn man Probleme im ersten Chakra hat, und dieses Chakra weiblich gepolt ist, so hat man ein Problem mit dem Empfangenkönnen. Ein weibliches Polaritätsproblem im ersten Chakra erschwert es, »Feuer« aufzunehmen und sich mit der irdischen Ebene zu verbinden – anders ausgedrückt ist dies eine Schwierigkeit, die Manifestation der physischen Erd-Ebene zu akzeptieren.

Das zweite Chakra hat mit Emotion und Kindheit zu tun. Wenn Sie Probleme mit der weiblichen Polarität haben, so bedeutet das, daß Sie keine Harmonie mit Ihrer Mutter hatten, als Sie noch in ihrem Bauch waren. Entweder sie hatte ein Problem mit Ihnen, oder Sie hatten ein Problem mit ihr, oder aber sie hatte Probleme, die sich Ihnen eingeprägt haben, bevor Sie geboren wurden. Wenn das zweite Chakra in der männlichen

Polarität verletzt ist, so zeigt dies Unterdrückung und mangelnde Freiheit im Ausdruck von Emotionen an.

Ein Ungleichgewicht im dritten Chakra bedeutet, daß es Ihnen schwer fällt, geistig flexibel zu sein. Wahrscheinlich sind Sie zu starr, zu dogmatisch oder beten das logische Denken zu sehr an. Dies verweist auf die Vorherrschaft der maskulinen Polarität. Wenn das weibliche Prinzip im Bewußtsein wirkt, dann ist es überaus phantasievoll, intuitiv und neugierig. Eine negative weibliche Polarität erzeugt übersteigerte Phantasien und Täuschungen.

Wenn die weibliche Polarität im Herzen – dem vierten Chakra – aktiviert wird, dann können Sie auf der Ebene des Herzens sowohl empfangen wie auch geben. Die weibliche Polarität des Herzen kann die Wohltaten des Geistes und der manifestierten Welt empfangen. Die männliche Polarität ist die gebende Seite des Herzens.

Die weibliche Polarität im fünften Chakra (dem Kehlkopfzentrum) manifestiert sich in der Fähigkeit zu kommunizieren. Ja, die Balance von männlichen und weiblichen Energien ist sogar das eigentliche Wesen dieser Chakrenfunktion. Wir sprechen aus (aktiv), was wir denken (intentional). Der weibliche Aspekt des fünften Chakras beinhaltet die Absichten und leitet sie zum männlichen Aspekt, der sie dann nach außen in Manifestation bringt. Mit einer Dysfunktion in diesem Chakra sind Sie unfähig, die Information von der weiblichen Seite des Kehlkopfzentrums weiterzuleiten, so daß die männliche Seite sie aussprechen oder ausagieren kann. Wenn das Chakra in vollkommener Balance ist, so bringt die männliche Seite das nach außen, was sie von der weiblichen Seite übernommen hat: echte Inhalte, Werte und Normen.

Das sechste Chakra, das auch als das »Dritte Auge« bezeichnet wird, beherrscht Ihre Beziehung zur Zeit –

Vergangenheit, Gegenwart und Zukunft. Wenn man die weibliche Polarität im Dritten Auge aktiviert, so wird man hellsichtig. Wenn man die maskuline Polarität betont, so kann man nur sehen, was unmittelbar zugegen ist. Man kann nicht in Zukunft oder Vergangenheit blicken und wird Schwierigkeiten haben, Erfahrung, Erinnerungen oder bereits gelernte Lektionen zu erinnern oder zu integrieren. Dyslexie ist ein Symptom der Dysfunktion der weiblichen Seite des sechsten Chakras. Wenn dieses Chakra hauptsächlich männlich gepolt ist, dann sind Sie ein Logiker, und Logiker arbeiten selten mit dem Dritten Auge. Sie sind nicht geschult, Ihre Intuition zu verwenden. Sie werden nur selten den veränderten Bewußtseinszustand erreichen, den man braucht, um jenseits der physischen Realität zu sehen. Der *einzige* Weg, um die übersinnliche Kraft des Dritten Auges zu erlangen, geht durch die weibliche Polarität. Der maskuline Aspekt des Dritten Auges schaut einfach nur in die ewige Gegenwart oder das »Jetzt«. Das ist eine andere Art von Wahrnehmung als die übersinnliche, man nennt sie die »Kunst der Unterscheidung«.

Das siebte Chakra oder Kronenchakra (die Zirbeldrüse) reguliert die Lichtmenge, die der Körper aufnimmt, gleichzeitig aber auch die Intensität der Lichtwellen, aus denen unsere Göttlichkeit besteht. Wie viel »Licht« oder Bewußtsein das System aufnehmen kann, zeigt das Ausmaß der Göttlichkeit an, das wir in unsere Zellen bringen können. Der weibliche Teil des Kronenchakras ist ganz einfach der rezeptive Teil; die maskuline Seite dieses Chakras nimmt, was sie empfangen hat und verteilt es im ganzen Körper.

Das achte Chakra, das in der ätherischen Aura unter unserer physischen Aura liegt, ist der Kreisel, der uns mit der Mutter Erde verbindet. Ein dysfunktionales achtes Chakra zeigt an, daß unsere irdische Identität und die gegenwärtige Inkarnation abgelehnt wird, oder daß die Verbindung zu ihr mangelhaft ist.

Das neunte Chakra liegt oben in der Aura in den äußeren Bereichen der ätherischen Ebene. Es gibt und nimmt vom Kosmos. Eine Dysfunktion in diesem Bereich könne eine tiefe spirituelle Entfremdung vom göttlichen Wesen bedeuten. Wenn jemand diese beiden letztgenannten Chakren bewußt aktiviert hat, so kann er eine vollkommene Polaritätsbalance aufrechterhalten, und dies weist auf eine erleuchtete Person hin. Das achte und neunte Chakra sind im polaren System eine Ausnahme, denn sie sind von Natur aus neutral.

Im Laufe der Jahren haben manche metaphysischen Philosophien – wie etwa die von Madame Blavatsky, Alice Bailey, die der Rosenkreuzer, der Theosophen und vieler anderer – das Weibliche herbeizitiert, ohne es aber direkt zu benennen. Es gibt historische Gründe dafür, weshalb die weibliche Polarität in der esoterischen Literatur nicht als weiblich benannt wurde. Die weiblichen »Weisheitslehren« wurden traditionell geheimgehalten und waren nur einigen wenigen Eingeweihten vorbehalten! Als diese »Wenigen« allmählich wegstarben, verschwand auch unser öffentliches Wissen darüber: *Die verschleierte Isis ist das Symbol des verborgenen Weiblichen oder der geheimen Weisheitslehren.*

In dieser letzten Phase der Menschheitsgeschichte (von der Ankunft Jesu Christi bis zu unserer modernen Zeit) war die Menschheit damit beschäftigt, durch die Lehren Christi die männliche Sichtweise zu verbreiten. Wir müssen aber mit Wehmut sehen, daß die Lehren Christi falsch interpretiert wurden, und daß auf diese Weise das pervertierte Dogma der Kirche vom Göttlichen als maskulinem Herrscher entstand. Christus hat das vollkommene Weibliche verkörpert, er akzeptierte alle als Brüder oder Schwestern. Man mußte mit der weiblichen Polarität in Einklang sein, um diese Lehre zu akzeptieren!

Im Laufe der Geschichte war Isis – oder die Große Mutter – immer verschleiert. Selbst Diana und die Göttinnen in den griechischen Tempeln (die die androzentrische Zivilisation gewissermaßen auf den Begriff brachten), hielten die Göttin verschleiert. Was bedeutet dies? Die Abläufe der Mysterien selbst wurden durch geheime und private Unterweisung dargestellt. Dies war ein Symbol dessen, was im Innern einer Person liegt – das Unbekannte, das Verborgene. Durch verschiedene Einweihungen und strenge Schulungen wurden die NovizInnen Schritt für Schritt zu ihrem inneren Selbst geführt.

Und wenn sie ihr Selbst kennenlernten, so konnten sie sich auch für die Gegenwart des Geistes öffnen. Dadurch entstand ein Weg nach Innen, der es ihnen erlaubte, sich dem Göttlichen zu nähern. Das ist die Pforte selbst, der weibliche Initiationsprozeß! Isis, das Symbol des Weiblichen ist der Schleier! Wenn dieser Prozeß aktiviert wird, und wenn die Eingeweihten imstande sind, zu jeder Zeit und an allen Orten willentlich und bewußt an der weiblichen Polarität teilzuhaben und mit ihr zu leben, so wird die Göttin ihre Schleier abwerfen. Der Schleier fällt. Und fast immer wurde die Göttin mit ausgestreckten Händen dargestellt: dies stellte symbolisch die Notwendigkeit dar, daß die männliche Polarität in den Eingeweihten die Göttin, also die weibliche Polarität, umarmen und sich mit ihr vereinigen sollte. Der Akt der Umarmung und kosmischen Einheit mit der weiblichen Seite des Selbst läßt die Pforte zum Inneren entstehen. Auf diese Weise können die Eingeweihten zu einem Gefäß werden, in dem sie das Licht der Göttin, das Licht Christi oder irgendein anderes göttliches Licht oder eine göttliche Energie in sich aufnehmen und dadurch schwanger werden. Und dann werden die Eingeweihten zu einer dritten Polarität, die eine unbegrenzte Menge von Göttlichkeit oder göttlichem Bewußtsein in sich tragen kann. Diese Energie verwandelt die gesamte Körperchemie, selbst die Zellen werden verwandelt und können nun dauerhaft mehr Licht oder Bewußtsein in sich beinhalten.

Im alten Griechenland konnte die »Entschleierung der Göttin« oder die Vereinigung mit ihr jedes Jahr oder alle fünf Jahre stattfinden. Bei fortgeschrittenen Eingeweihten war es einmal im Monat, viermal im Monat, jede Woche und dann jeden Tag. Diesen Prozeß zu meistern hieß, daß sie diesen Zustand aufrechterhalten und sich ununterbrochen von göttlicher, kosmischer Energie speisen konnten. Dies verwandelt nicht nur die Chemie der Zellen, es ermöglicht den Eingeweihten nicht nur, mehr Göttlichkeit in der körperlichen Ebene aufzunehmen, sondern es hält auch die Zeit und den Alterungsprozeß der Zellen auf und beginnt den Lebenszyklus der Materie umzukehren. Mit anderen Worten: es enthebt die Materie dem Kreislauf von Geburt und Tod und ermöglicht statt dessen unaufhörliche Regeneration.

Es gibt einen Schleier zwischen der Welt der Form und der Nicht-Form. Und die Menschen sind die Brücke. Sie können das Beste aus der Welt der Form wie auch aus der Welt der Nicht-Form nehmen und den Körper und seine feinstofflichen Organe buchstäblich rechemikalisieren und regenerieren. Was hat das mit der menschlichen Evolution zu tun? Es ist der Grund, weshalb Menschen länger zu leben beginnen. Menschen, die meditieren und die Einheit der Polaritäten meistern, sind imstande, schwingungsmäßig mit äußeren Veränderungen Schritt zu halten. Dadurch sind sie in gewisser Weise vor der Giftigkeit des Planeten und der Menschen geschützt. Toxische Schwierigkeiten wie etwa Krebs, Viren, ökologische Ungleichgewichte und Probleme innerhalb der Erde selbst können durch menschenerzeugte Energiemuster verbreitet werden. Die Vereinigung der menschlichen und göttlichen Energie kann diese Ungleichgewichte heilen.

In der Blütezeit des alten Griechenland hatten mehr Menschen die grundlegenden Einweihungen durchlaufen als in irgendeiner anderen Zeit – wenn man von Atlantis absieht. Aber das wirkliche Geheimnis bei der Kontrolle der Evolution wurde nur einigen Wenigen enthüllt und von noch Wenigeren vollzogen. Das männlich-weibliche Gleichgewicht wurde nicht von so vielen Menschen erreicht, wie man vielleicht glauben sollte. Aber es gab viele Initianden, die sich darauf vorbereiteten, in dieses Gleichgewicht einzutreten; viele Menschen vervollständigten die Einweihungsriten, indem sie den Kontakt zu ihrer immanenten Weiblichkeit aufnahmen. Das New Age läßt den freien Zugang zur göttlichen Energie zu. Jeder auf dem Planeten wird durch diese weibliche Einweihung gehen; jeder wird eingeweiht. Zwar müht sich die Welt noch immer um den Frieden mit der weiblichen Seite, aber viele Menschen durchschreiten bereits diese spirituelle Pforte. Und dabei vollziehen sie jeden Tag die Entschleierung und Umarmung der Isis, und sie erlangen damit das, was ich oben beschrieben habe.

Es gibt einen Mythos, daß in Atlantis jeder levitieren, sich bilokalisieren und verschiedene astrale Tricks vollziehen konnte. Das ist nicht wahr. Einige Atlanter nahmen an Astralmagie teil, und im Großen und Ganzen waren die meisten Atlanter telepathisch. Wir alle wissen, was geschieht, wenn unsere übersinnliche Seite verrückt spielt. Dann kommt es nämlich zu allen möglichen Problemen – astrale Heimsuchungen, Besessenheit, schwarze Magie. Alles kann zum Gewinnziel für das immer gierige Ich werden, und dieses Karma muß im New Age korrigiert werden. Menschen, die dieses Karma tragen, müssen ihre »halb-göttlichen« Fähigkeiten umorientieren und auf die Förderung von altruistischen Zielen und Werten richten, anstatt sie für die Apotheose des eigenen Ich oder ausschließlich für die eigene Regeneration zu verwenden. Mit anderen Worten: diese Menschen sollten sich auf ein Gruppenkarma einschwingen und ihm dienen, anstatt nur ihre individuellen Egobedürfnisse und Begehrlichkeiten zu verfolgen.

Wir leben jetzt im Zeitalter des Wassermanns, und im Gegensatz zum Fische-Zeitalter geht es hier nicht um den Kult des Individuums, sondern um Gruppenbewußtsein. Gegenwärtig gibt es keine offiziellen Schulungszentren, die den Prozessen der weiblichen Initiation gewidmet sind. Aber das Interesse daran ist am Aufkeimen. Die Vorstellung, daß die Göttin existiert, kehrt allmählich ins Bewußtsein der Menschen zurück. Gerade jetzt ziehen wir den Schleier der Isis ein wenig zur Seite.

Kapitel 6: Die Berufung zur Einweihung

Woher wissen Sie, ob Sie schon nahe am Eingangstor sind oder schon auf dem Einweihungsweg der Göttin schreiten? Es beginnt im äußeren Leben. Viele Jahre lang kämpfen Menschen sich ab, um sich an eine Lebenssituation anzupassen, die ihnen bereits zugewiesen wurde. Das bedeutet, daß sie nicht nur das Resultat der genetischen Einflüsse sind, sondern auch durch Umwelt, Kultur, Rasse und Geschlecht bestimmt werden. Diese begleitenden Hindernisse und formenden Einflüsse verleihen Menschen ihre Identität und Lebensweise in der Welt. Irgendwann kommt aber der Zeitpunkt, an dem die inkarnierten Wesen spüren, daß es mehr im Leben geben muß als all die Ziele, die durch die äußeren Kräfte der Gesellschaft und Umwelt diktiert sind.

Das ist der Ruf der Seele, und er wird von der äußeren Persönlichkeit gehört. Dieser Ruf kommt vielleicht aus einer Krise, wie etwa einem Todesfall in der Familie, einer persönlichen Gesundheitsstörung oder einem ernsten emotionalen Trauma. Oder vielleicht haben Menschen alles erreicht, was sie wollten, und empfinden trotzdem Leere und Sinnlosigkeit. Was immer der Grund sein mag, Menschen sehnen sich nach einem tieferen Sinn in diesem Leben, und diese Sehnsucht, dieser »Ruf« stellt sich meistens durch Schmerz ein.

Allzuoft verfangen sich Menschen in den Verstrickungen und Mustern des Lebens. Eines Tages sagen sie dann: »Ich will dieses Verhalten nicht mehr, wie kann ich es beenden?« An diesem Punkt sollten sie das »Warum und Wie« dieses Musters erkennen, damit sie ein fruchtbareres und glücklicheres Leben führen können.

Die meisten Menschen haben Träume und Ahnungen von ihrem eigenen Schicksal. Manchmal zweifeln sie an ihren Gefühlen und sind sich nicht so recht sicher, ob sie sie richtig verstehen. Sie möchten irgendeine Art von Führung, von Sicherheit oder Bestätigung haben, daß der Weg, den sie eingeschlagen haben, richtig ist. Sie brauchen Hilfe, um herauszufinden, welcher Weg mehr in der Wahrheit ihres Herzens, ihrer Seele oder ihres Selbst schwingt. Das klingt, als sei es ein unermeßliches Unterfangen, und doch ist es die allereinfachste Aufgabe: »Erkenne dich selbst«, stand vor mehr als 2000 Jahren über der Schwelle des Tempels von Delphi geschrieben. Das ist die Aufgabe.

Selbsterkenntnis führt zu einem wichtigen Tor der Einweihung, dem Herzen. Im Anfang ist es immer schwierig herauszufinden, was einerseits das Herz will, und was andererseits der Verstand für möglich erklärt. Wenn Menschen ihr Schicksal oder den Weg der Seele suchen, dann müssen sie herausfinden, ob das, was das Herz will, angemessen ist. Deshalb wird in den frühen Stadien des Lebens das Verlangen des Herzens an der Bestätigung oder Nichtbestätigung durch die äußere Welt gemessen.

Wenn Sie etwas haben wollen, und es Ihnen schwer fällt, es zu bekommen, so fragen Sie sich im allgemeinen, ob das, was Sie wollen, auch wirklich angemessen ist. Sie fragen sich: »Was hindert mich an der Verwirklichung meines Herzenswunsches?« Und natürlich stellt sich hier die bohrende Frage: »Ist mein Herzenswunsch wirklich gut für mich?« Diese Fragen bringen Sie auf eine Suche nach Kommunikation mit der Seele oder der Gottheit. Einige von Ihnen werden im Inneren nach der letztendlichen Bestätigung suchen, manche werden in der äußeren Welt schauen. Aber wenn Sie jenen Weg gehen, der die Stimme Ihrer Seele aufweckt, so hören Sie sofort auch die Stimme des Göttlichen.

Wenn Sie sich auf die Suche nach Ihrer spirituellen oder persönlichen Identität oder nach einer tieferen Bedeutung Ihres Lebens machen, so führt Sie diese Frage unmittelbar durch das Herz. Und dann müssen Sie den Konflikt zwischen Herz und Verstand überstehen, um zum Eingang der Seele zu kommen.

Der Weg zur Seele führt durch das Herz. Vielen Menschen genügt es heute nicht mehr, nur die Tiefen des Verstandes anzuzapfen. Man muß Verstand und Herz verbinden und die darin liegenden Konflikte lösen. Wenn Sie das getan haben, nachdem Sie sich »selbst erkannt« haben, verbindet sich das Herz ganz automatisch mit dem inneren Selbst oder der Seele. Im äußeren Leben werden Sie viele Umstände finden, die zu diesem Punkt führen. Zum Beispiel schließen sich Trauma, Krise, Verlust, Schmerz oder Krankheit äußerlich oder innerlich »gegen Sie« zusammen, um den Katalysator für diese ewige Suche zu schaffen.

Die Funktion des weiblichen Weges besteht darin, nach innen zu gehen, um den eigenen Samen zu säen und um zu gebären. Der Vorgang des Gebärens ist ein Prozeß der Selbst-Erneuerung. Der Prozeß der Befruchtung und des Säens in der äußeren Welt, wo bestimmte Aktionen auch zu bestimmten Reaktionen führen, ist der männliche Weg.

Es gibt einen wichtigen Unterschied zwischen den beiden Wegen, sie manifestieren sich als Kampf zwischen dem Weg der Selbstverwirklichung im Gegensatz zur organisierten Religion. Die organisierte Religion – die Befolgung von gesetzten Dogmen – gründet sich gegenwärtig auf die Rettung oder Bestätigung durch die

Autorität eines patriarchalen Gottes. Selbstverwirklichung, innere Göttlichkeit und Selbstspiritualisierung im Inneren sind die Wege der Göttin, es ist, als ob man sich selbst »gebären« würde.

In den antiken Mysterien wurden die Mysterien von Leben, Geburt und Tod gelehrt. Es wurde gelehrt, wie das Leben sich selbst regeneriert, und das nannte man »Die Größeren Mysterien«. In der Vergangenheit wurden diese Mysterien im Dunklen gelehrt, weil man nicht im Licht, sondern in der Dunkelheit wächst. Man wächst und sät die Samen in Dunkelheit. Dann wird man durch das Licht befruchtet und ernährt. Im Inneren zu wachsen, heißt nach innen in das Dunkel des Selbst zu gehen und Licht zu erschaffen. Sehen, was im eigenen Inneren verborgen ist – es in Besitz zu nehmen, damit zu arbeiten, es auszubalancieren, das heißt also, sich selbst zu gebären – war das geheime Wissen, das in den antiken Mysterientempeln gelehrt wurde.

Durch diesen Prozeß lernen Sie, wie Sie Mitschöpfer sein können, wie Sie diesen Prozeß zu jeder Zeit in Gang setzen können. Dann kontrollieren Sie die Gesetze der Physik in diesem Universum, das nach Ursache und Wirkung geordnet ist – das ist die Ebene der Kausalität oder die physische Ebene. Es ist ein wunderbarer Weg, aber was erfordert er? Er erfordert Integrität, Selbstachtung und Ehrlichkeit sich selbst gegenüber; er erlegt dem Selbst eine strenge Disziplin auf. Er fordert die Übernahme von vollständiger Verantwortlichkeit auf der Ebene der kausalen Wirklichkeit. Das bezieht sich also auf das Gesetz von Ursache und Wirkung, und genau das ist Karma.

In einer maskulin orientierten Wirklichkeit kämpfen Sie mit dem Schicksal; Sie geben nicht zu, daß alle Ursachen und jegliche Realität auf Ihrer eigenen Selbstwahrnehmung und Ihren Reaktionen auf das Universum beruhen. Wenn Sie beginnen, das Leben als »selbst-erzeugt« zu erleben, so können Sie durch strenge Selbstdisziplin und Entwicklung die kausale Ebene kontrollieren. Das ist die Meisterschaft des weisen Magiers. Das ist die weibliche Polarität. Wenn Sie sich auf diese Sicht der Wirklichkeit einstimmen und akzeptieren, daß die Kraft von Geburt, Tod und Regeneration des Selbst in Ihrem eigenen Bewußtsein liegt, so sind Sie mit Sicherheit auf dem Weg der Göttin.

In den frühen matri-linearen und Göttin-orientierten Gesellschaften hat die weibliche Energie *sowohl* die maskuline wie auch die feminine Polarität dargestellt. Im Fische-Zeitalter haben sich die Menschen zum Maskulinen hin polarisiert, und jetzt, während des Wassermann-Zeitalters gleiten wir zur weiblichen Seite hin. Der antike Buddhismus und der Hinduismus sind Wege der weiblichen Polarität, weil sie uns das Geheimnis der Teilhaberschaft an der Ebene der kausalen Wirklichkeit enthüllen. Aber all jene Religionen, die reine Hingabe, reinen Gehorsam gegenüber der Autorität fordern und die Erleuchtung durch Askese erreichen wollen, gehören zur maskulinen Polarität.

Irgendwann wird noch eine Zeit kommen, in der wir die volle spirituelle Verantwortlichkeit für unsere Erleuchtung übernehmen müssen, anstatt uns nach außen zu wenden und zum Abonnenten eines Dogmas oder eines Glaubenssystems zu werden, in dem wir Zweifel unterdrücken und der Autorität folgen. Wenn wir den maskulinen Weg gegangen sind, so kommt es letztendlich zu einer Krise, weil wir unser ganzes Vertrauen in eine Autoritätsfigur gelegt haben, nur, um schließlich enttäuscht zu werden. Ob es nun ein Glaubenssystem, ein Kult, eine religiöse Figur oder ein politischer Führer ist – wo immer wir jemanden oder etwas außer Gott zu »Gott« machen, werden wir enttäuscht werden.

Wir haben alle Menschen getroffen, die von ihren Anliegen so absorbiert sind, daß dieses Anliegen zur Lebensgrundlage wird. Dieses Anliegen kann im Bereich der Politik, der Ökonomie, des Geschäftslebens, der Kunst, der Kultur oder der Unterhaltung liegen – aber es wird zu ihrem Gott. Es wird zu ihrer Existenz, und innerhalb dieser Welt kämpfen sie um ihren Lebensunterhalt und ihre Lebensweise. Am Ende werden sie von diesem Anliegen betrogen – sei es in dramatischer Weise oder Schritt für Schritt. Jetzt erst bemerken sie, daß sie die gesamte Bedeutung ihres Lebens und ihrer Seele auf eine unzureichende Basis gegründet haben, auf ein Anliegen, das nicht hinter die Grenzen ihrer materiellen Existenz reicht. Nun ruft man nach schnellen Lösungen, ein gründliches Fragen und Hinterfragen beginnt.

Dies bezeichnet man als Glaubenskrise. Alles äußere Leben (Unterhaltung, Liebe, Sex, Nahrung, Arbeit), all diese Dinge können diese Menschen nun nicht länger sättigen. Das sind nicht die Antworten. Schließlich blikken sie auf das Göttliche, was auch immer diese Vorstellung im einzelnen für sie enthalten mag. Menschen durchlaufen eine Glaubenskrise, wenn ihre erste Wahrnehmung von erhabener Göttlichkeit ins Wanken gerät oder hinterfragt wird. Das ist eine ganz bestimmte Phase. Aber auch Initianden, die sich fragen, was denn Gott oder Göttin eigentlich ist, was Göttlichkeit ist, und was es heißt, Schöpferin zu sein, erleben eine Glaubenskrise.

Die Initianden empfinden vielleicht auch viel existenziellen Ärger. Er kommt deshalb zur Oberfläche, weil die Seele darüber zornig ist, daß Gott oder die Göttin sie verlassen hat. Vielleicht ist auch ihre Erfahrung der Göttlichkeit ganz anders, als sie glaubten oder wie ihnen versprochen wurde. Vielleicht ist Gott überhaupt nicht in ihrem Leben. Sie haben einfach noch keinen Beweis dafür gefunden und kommen zu einem Punkt, an dem sie entscheiden müssen, daß sie entweder weiter nach der Erfahrung dieser göttlichen Gegenwart suchen (dem »Beweis«) oder sagen können: »Ich brauche gar nicht zu schauen, weil ich weiß«. Für den Suchenden ist es diese Krise, die ihn am lautesten auf den Weg der Einweihung ruft.

Sowohl für Materialisten wie auch für spirituell Suchende ist es schmerzhaft zuzugeben, daß Gott sie verlassen hat. Dieses Trauma ist nicht weniger verletzend als die Erkenntnis, daß auch unsere Eltern, die in der Kindheit unsere Götter waren, sich irren konnten. Die Eltern von kleinen Kindern sind die offensichtlichste Manifestation von machterfüllten Wesen, die vollständige Kontrolle über Körper und Leben ihrer Kinder ausüben.

Wenn Sie eine Glaubenskrise haben, kommen Fragen über die Gottheit auf: Wo ist Gott? Wer ist Gott? Oder ist Gott eine Göttin? Beinhaltet das Konzept »Gott« Männliches oder Weibliches? Letztlich müssen Sie diese Frage auf die Art beantworten, die mit der Funktionsweise des Universums und der Erde und ihrer Beziehung zum Weiblichen konform geht. Wenn Sie diese Lektionen und Mysterien verstehen, so sind sie auf dem Weg der weiblichen Einweihung.

Sich für übersinnliche Erfahrungen öffnen

Es gibt ein gewisses Maß an übersinnlichen Phänomenen, die sich einstellen, wenn man »erwacht« und sich auf den Einweihungsweg begibt. C. G. Jung hat das ganz deutlich ausgesprochen. Wenn man mit allen Dingen in Kontakt tritt, so öffnet man sich für ein kosmisches Muster, das als »Synchronizität« bezeichnet wird. Alles ist mit allem verbunden, alles fließt in Energiemustern. Wenn Sie sich also auf diesen Fluß eingestimmt haben, so können Sie an der Synchronizität teilhaben. Viele Dinge, die man als paranormal oder intuitiv bezeichnen würde, sind in Wirklichkeit Manifestationen der Synchronizität; es ist tatsächlich diese Verbindung mit dem Rhythmus und Fluß des Universums, das den Zufall und zueinander passende Ereignisse erzeugt.

Paranormale Ereignisse sind Orte im physischen Universum, an dem sich verschiedene Dimensionen (wie die kausale, astrale, mentale, buddhische und monadische Ebene) treffen, und an dem ein Eingang geschaffen wird. Sie können auch künstliche Eingänge zwischen diesen Bereichen schaffen, indem Sie die Energie durch einen geophysikalen Wirbel schicken; und wenn Sie meditieren, können Sie ebenfalls einen Korridor zwischen den Ebenen erzeugen. Genau darum geht es ja bei der Meditation: um die Verbindung mit und die Einstimmung auf die nichtphysischen Dimensionen oder inneren Ebenen, wie man sie manchmal nennt.

Die inneren Ebenen innerhalb unseres Bewußtseins entsprechen den Ebenen oder Dimensionen, die jenseits der nichtphysischen Realität liegen. Manche Menschen glauben, daß die Welt oder das Universum nur aus dem besteht, was sie sehen können, also die Wirklichkeit der kausalen Ebene oder die physische Realität. Aber es gibt immer noch Wirklichkeiten jenseits unseres Sehbereichs. Die Wissenschaft hat die unsichtbaren Ebenen bereits durch Radio-, Fernseh-, Radar-, Sonar- und Mikrowellen angezapft. Es gibt viele unsichtbare Energien, die wir beeinflussen und für unsere Bequemlichkeit nutzen können.

Dann gibt es auch noch andere Ebenen der nichtphysischen Wirklichkeit, die den physischen Körper überschneiden. Die Emotionen zum Beispiel: Wir können sie nicht sehen, aber wir erkennen, daß sie existieren. Wir können auch »Gedanken« nicht notwendigerweise sehen oder tasten, aber wir stimmen zu, daß es Denken gibt. Wir beginnen sogar zuzugeben, daß Gedanken zwischen zwei Menschen »telegraphiert« werden können, auch wenn sie nicht durch ein Kabel verbunden sind. Manchmal schicken sich Menschen gegenseitig dieselbe Idee, und wenn sie sich darüber aussprechen, sagen sie: »Es gibt eben keinen Zufall!«

Wenn Sie sich in Ihrem Inneren für das Selbst öffnen und in Kontakt mit Ihren Emotionen und dem Unbewußten treten, so werden Sie oftmals empfänglich für Botschaften aus den unsichtbaren Bereichen. Sie werden zum Medium, sie werden bewußter und schwingen sich auf feinere Wellenlängen ein. Wenn Sie sich Ihrer Seele bewußt werden und Ihr Leben danach einrichten, so entwickeln sich als natürlicher Nebeneffekt mediale Fähigkeiten.

Manche von Ihnen haben diese Öffnung für das Reich des Übersinnlichen zufällig oder gewaltsam erlebt. Aber Sie können mediale Fähigkeiten haben und dennoch nicht über die spirituelle Disziplin oder die seelische Entwicklung verfügen, die normalerweise eine gut integrierte spirituell eingeweihte Person hat. Vielleicht haben Sie ein hohes Maß an medialem Bewußtsein, aber keinen inneren Seelenkern und keine Selbstdisziplin. Das ist ungünstig, weil Sie vielleicht sehr talentiert sind, dennoch aber über keinen inneren spirituellen Charakter verfügen.

Manche Menschen sind brillant, überaus bewußt und nehmen Übersinnliches in aller Schärfe wahr, und dennoch sind sie so verrückt, daß man sie in psychiatrischen Krankenhäusern einsperren würde. Viele Menschen in solchen Institutionen sind medial offen, haben aber keinen Kontakt zu ihrem Körper oder ihrer Seele. Im nächsten Jahrhundert werden wir sehen, daß viele Probleme von geistig gestörten Menschen in den ätherischen und in höheren Bereichen geheilt werden können. (Bei all diesen Zuständen von Geisteskrankheit gibt es in der Chemie des Gehirns eine Entsprechung, selbst wenn die Ursachen in den unsichtbaren Bereichen liegen).

Die Stimme der Seele

Wenn Menschen das Bedürfnis verspüren, das innere Leben zu erforschen, so wollen sie die Stimme ihrer eigenen Seele hören. Sie sehnen sich nach Harmonie und Einheit mit der Seele. Ein Kampf mit dem Wahnsinn ist oftmals ein Schrei aus der Tiefe der Seele. Eine beschädigte Psyche oder ein zersplitterter Geist kann durch die Kommunikation mit dieser inneren Stimme – der Seele – geheilt werden.

Wir wollen nun den Begriff der »Seele« definieren. Wir haben einen Bereich im physischen Körper, ein Behältnis, die Gesamtsumme unserer Identität in allen vergangenen und zukünftigen Leben. Die Seele besitzt eine äußere Hülle, die nicht nur das gesamte Bewußtsein all unserer Lebenszeiten enthält, sondern auch das Karma, das wir auflösen müssen, um unsere Seele in höheres Bewußtsein verwandeln zu können.

Die Seele enthält alle Informationen über unsere vergangenen Leben, über unser Karma und die vielen Ebenen unseres Seins, die noch nicht verwirklicht sind. Sie ist wie ein Supercomputer. Sie trägt das Wissen um unsere zukünftigen Leben und das Wissen der gesamten Schöpfung in sich. Sie ist auch unser persönlicher

Gedächtnisspeicher und enthält die Individuation oder individuelle Identität, die eine vom Schöpfer eigenständige Existenz hat.

Innerhalb der Seele lebt auch der Funke des Göttlichen, jener Teil von uns, der dem Schöpfer gleich ist. Wir bezeichnen ihn als Monade, er ist die Flamme, das Atom, der Funke, der uns mit allem vernunftbegabten Leben verbindet. Er ist die Kraft, die wir in uns nähren wollen, wenn wir meditieren.

Zu Beginn der spirituellen Suche wollen wir normalerweise mehr über unsere Position im Universum und im Auge oder Herzen des Schöpfers wissen. Wir versuchen, die äußere Hülle, das Behältnis anzuzapfen, das wir Seele nennen. Wir tun es in dem Wissen um unser Selbst, indem wir das Männliche und Weibliche ausbalancieren, das Verborgene ans Tageslicht bringen und bestimmte Verhaltensweisen auflösen, die uns von der Wahrheit unserer Seele und ihres Ausdrucks ablenken.

Es kann einige Jahre oder auch ein ganzes Leben dauern, bis man die Disziplin erworben hat, um sich an den Weg zurück zum Eingang der Seele zu erinnern. Wir müssen den Weg zum äußeren Eingang der Seele nicht nur freischaufeln, sondern wir müssen ihn auch sauber und rein halten. Oft verschwört sich unser Alltagsleben gegen uns und überwuchert den Verbindungsweg zur Seele mit Ablenkungen und Hindernissen. Wir können nur hoffen, daß wir uns disziplinieren und imstande sind, den Weg zum Eingang ständig freizuhalten. Das kann durch Diät, Meditation, Körperübungen, mäßiges Leben, Entgiftung von Negativbildern, Gedankenformen und Einflüssen geschehen. Wir sollten uns auch zu Meditation und Kontemplation disziplinieren und einen Raum und eine Zeit in unserem Leben schaffen, wo wir regelmäßig in Kontakt mit der Seele treten können. Und wie fühlt es sich an, wenn wir am Eingang unserer Seele stehen? Wir fühlen uns friedlich und in vollkommenem Kontakt mit unserem Sein. Das ist keine extrakorporelle Erfahrung und heißt nicht, daß wir über das ganze Universum dahinfliegen. Es bedeutet einfach nur, daß wir mit uns selbst eins sind. Wir *spüren* uns und akzeptieren, daß wir einfach nur sind. Dieses tiefgreifende Gefühl kann am besten durch das heilige Mantra »Ich bin, die ich bin« ausgedrückt werden.

Wenn wir diesen Zugang zur Seele geschaffen haben, können wir in der Dunkelheit des Selbst stehen und uns mit dem »Hüter der Schwelle« (ein Ausdruck von Alice A. Bailey) auseinandersetzen. Dieser »Hüter« ist die Summe all jener Teile in uns, die verborgen oder voneinander getrennt sind. Wir müssen jeden auch noch so winzigen Teil unserer äußeren Persönlichkeit in Besitz nehmen. Oftmals versuchen wir, große Teile unseres Wesens abzuleugnen, zu unterdrücken oder einfach vollständig zu ignorieren. Diese Teile sind vielleicht negative oder schmerzhafte Charakteristika. Vielleicht wurde uns empfohlen, einen Aspekt unserer Persönlichkeit nicht anzuerkennen. Vielleicht wurde uns schon in der Kindheit beigebracht, daß wir Teile unseres Wesens vergessen sollten, so sehr, daß wir allmählich selbst davon überzeugt waren.

Es kann ein sehr schmerzhafter Prozeß sein, alle Aspekte unseres Charakters – die guten und die schlechten – zu integrieren. Es ist ein Prozeß, der oft durch konventionelle Therapie vollzogen wird. Indem wir die vollkommene Verantwortung für alle Aspekte unseres Wesens in diesem gegenwärtigen Leben übernehmen, können wir auch die »dunkle Seite« im Schmelzofen unserer Seele verflüssigen und auf diese Weise inneren Frieden finden. Es ist eine Zeit, in der uns alle Aspekte unseres Seins plötzlich enthüllt werden: die Teile, die wir nicht kannten, die Teile, die wir nicht kennen *wollten*, die Teile, die wir niemals zugegeben haben. Dieser Prozeß wird als die Integration des Hellen und Dunklen bezeichnet. Im »Programm der zwölf Schritte« ist es genau jene Phase, in der Sie furchtlos forschend eine Inventur Ihrer Persönlichkeit anstellen. Wir machen Inventur von unserem Leben, unserer Wirklichkeit, und wir nehmen sie ganz und gar in Besitz. Es geht um unsere eigene Teilnahme und die Rolle in unserem Leben.

Die Integration des Hellen und Dunklen erzeugt durch Reibung ein Feuer, das eine Eingangstür durch das Herzchakra und in die Seele brennt. Bei manchen Menschen kann der Prozeß der Integration der dunklen Seiten des Selbst ganze sieben Jahre oder vielleicht sogar ein ganzes Leben dauern. Denn dies ist nicht ganz so einfach, wie es klingt. Wenn wir unsere »dunkle Seite« akzeptieren, so heißt das auch, daß wir eine große Menge von Gift zulassen. Allein dieser Akt des Zulassens kann einen Menschen überwältigen. Wir können nur hoffen, daß wir dabei unterstützt werden, vielleicht durch einen spirituellen Lehrer mit einer guten moralischen Einstellung zu allen Aspekten des Lebens. Wir versuchen, Drogen, Alkohol und andere Zerstreuungen zu vermeiden, die uns vom vollen Gegenwartsbewußtsein unseres Selbst ablenken. Wenn wir uns damit aufhalten, große Brocken unseres »Dunkelbewußtseins« abzuleugnen oder zu unterdrücken, so wird ein großer Teil unseres Stoffwechsels verkümmern, es sei denn, wir hätten begonnen, einzig und allein für unsere dunkle Seite zu leben. Dies liefert uns eine trügerische, nichtregenerative Energie, und das kann dazu führen, daß man von dieser Energie verzehrt wird.

Sprechen wir einen Augenblick über diese dunkle Seite. Zunächst verleiht die dunkle Seite Energie. Und doch ist es im Grunde eine Energie, die Menschen verzehrt und ausbrennt. Wenn Menschen ihr energetisches System einzig und allein durch diese dunkle Energie speisen, so kann ein Zulassen dieser dunklen Seite ihnen sogar Schaden zufügen. Es ist eine schwierige Transformation, aber es ist möglich, eine dramatische Wende zu vollziehen, die in einer Wiedergeburt resultiert.

Diese Art von Transformation, die eine Abkehr von der »dunklen Seite« beinhaltet, findet zum Beispiel bei den Anonymen Alkoholikern statt. Menschen, die an diesen Gruppen teilnehmen, haben ihr Leben mit Trinken verbracht, und Alkohol liefert eine Energie, die so aussieht, als würde sie aufbauen. In Wirklichkeit aber raubt der Alkohol Menschen Energie und schädigt ihr Nervensystem. Wenn Alkoholiker aus diesem System ausscheren, so erleben sie einen geistigen Tod und eine Wiederauferstehung, so daß sie manchmal das Gefühl haben, als seien sie »wiedergeboren«. Viele Personen können das schaffen, wenn man ihnen nur dabei hilft. Wenn sie am Eingang zur Seele stehen oder versuchen, durch das Feuer der Integration einen Zugang zu schaffen, so erhalten sie Hilfe.

Und worin besteht diese Hilfe? Die Arme ausbreiten und sich vom Herzen her unterwerfen – das Herz öffnen und Raum für die kreative Energie des Göttlichen schaffen, erzeugt einen »magnetischen Strom«, der tatsächlich Wunder anzieht. So entsteht ein Zustand der »Gnade«, aber man kann dies nur tun, wenn man eine höhere Kraft akzeptiert.

Was ist diese höhere Kraft? Es ist jene Energie, die Leben spendet; es ist der Begriff der Liebe und der Energie, der alle vernunftbegabten Wesen mit Intelligenz und Leben durchzieht. Es ist Gott, es ist die Göttin. Es ist das Schöpferische, das Göttliche.

Wenn wir beim »Hüter der Schwelle« stehen (der Widerspiegelung des gesamten Selbst und der Seele), so integrieren wir unser ganzes Sein in unsere Zellen. Einiges von diesem Bewußtsein ist vergiftet. Aber wenn wir uns mit diesem Gift auseinandersetzen wollen, so müssen wir es in den Körper bringen, es transformieren und loslassen. Die einzige Möglichkeit, uns zu entgiften, besteht darin, eine höhere Kraft ins Spiel zu bringen; diese höhere Energie (das Feuer) wird sich mit den toxischen Aspekten verbinden und sie aufzehren.

Wie beim Aufeinandertreffen von Feuer und Wasser wird dabei Dampf entstehen. Der Dampf selbst muß ausgestoßen werden. Manchmal brauchen wir dazu ganzheitliche Therapien: Körperübungen, Diät, Homöopathie oder Akupunktur. Gleichzeitig müssen wir die größeren Energien des Göttlichen anzapfen, nicht nur, um uns zu reinigen und zu entgiften, sondern auch um uns zu regenerieren. Und wenn wir das Geheimnis der Regeneration gelernt haben, dann haben wir wirklich und wahrhaftig das Geheimnis der Seele erblickt.

Wenn wir im Innern der Seele stehen, so haben wir bereits die Ganzheit des Selbst integriert und uns mit der *Monade* verbunden. Die Monade ist jene höhere Kraft, über die ich gesprochen habe, der göttliche Funke, die Flamme in unserem innersten Wesen. Wenn wir durch entsprechende Übungen immer wieder mit der Seele in Kontakt treten, steigern wir die Fähigkeit, immer mehr Energie aus der Monade in uns zu bewahren. Wir vermehren die Energie der Monade, indem wir sie wie einen Muskel verwenden, und so kann sie immer mehr und mehr göttliche Lebenskraft aus dem gesamten Kosmos hereinziehen. Wir verleihen unserem ganzen Körper eine neue Chemie, und auf diese Weise wird der Alterungsprozeß umgekehrt.

In dem Augenblick, in dem wir das negative Selbst integrieren, gewinnen wir Eingang zu unserer Seele. Wenn wir die Ganzheit unseres Selbst sehen, so versöhnen und integrieren wir die Erfahrungen von Tausenden von Inkarnationen. Durch die Erfahrung unserer fortgesetzten Existenzen können wir mit der höheren göttlichen Kraft in Kontakt treten. Dann stehen wir auf der Stufe unseres Seelenbewußtseins.

Und dann verändert sich das Leben ganz drastisch! Weshalb? Nun, wir müssen irgend etwas im Leben tun, um einen Lebensunterhalt zu verdienen, der mit den Erfordernissen der Seele vereinbar ist. Aus diesem Grund wechseln viele Menschen Beruf und Partner; denn schließlich helfen beide bei der spirituellen Transformation oder behindern sie. Wir können unser ganzes gesellschaftliches Milieu verändern, oder unseren Wohnort wechseln. All diese Veränderungen können stattfinden, wenn wir die Reise zu unserer Seele antreten. Ganz instinktiv wissen wir, was unsere Seele ernährt, und wir werden sie von Krieg, Hunger und Seuchen befreien. Und wenn wir uns dann den Erfordernissen der Seele und der göttlichen Monade voll und ganz unterworfen haben, so werden wir zum Kanal der Evolution – sei es auf der persönlichen, der sozialen oder der globalen Ebene.

Woher wissen wir, ob wir schon nahe daran sind, den Weg der Göttin zu betreten? Wie sieht der Eingang aus? Es ist ganz buchstäblich eine Einweihungsphase, eine Phase innerhalb der Entwicklung des inkarnierten Wesens, die sehr alt und deutlich erkennbar ist. Trotzdem ist in der Geschichte ziemlich unbekannt geblieben, daß dies der Eingang zum Weiblichen ist. Die äußere Seite der Persönlichkeit kämpft oftmals gegen die Anziehungskraft der Seele oder des Geistes. Und der Kampf spielt sich zwischen den Normen, Werten, Träumen und Zielen der äußeren Persönlichkeit und dem ab, was für die Entwicklung der Seele und des Geistes besser ist.

Meistens sind wir der Meinung, daß dieser Kampf

deshalb stattfindet, weil es einen wirklichen Unterschied zwischen den Zielen der äußeren Persönlichkeit und den Prioritäten des inneren Wesens gibt. In Wirklichkeit aber gibt es oftmals gar keinen solchen Unterschied. Nehmen wir zum Beispiel einmal an, daß jemand eine Haßliebe zu seinem Erfolg und dessen positiven Erscheinungsformen hegt. Aus vielen Gründen muß das äußere Leben erfolgreich sein, meistens, damit das Ego oder die äußere Persönlichkeit das Gefühl hat, daß seine Existenz durch die Arbeit und den Erfolg bestätigt wird. Es gewinnt Identität und wird durch die Begleiterscheinungen dieses Erfolges gestützt – wie etwa durch den Gelderwerb, Statussymbole und Objekte, die in der äußeren Welt den Beweis erbringen, daß man existiert und »Wert« hat. Aber diese Leistungen sind oftmals leer und vorübergehend und vermitteln der jeweiligen Person nur eine augenblickliche Befriedigung.

Wenn die Werte des inneren Seins Erfolg brauchen, so kommt es besonders darauf an, wie dieser Erfolg erreicht werden kann. Es könnte jemand Streben, Ehrgeiz und Handlungen auf ein grundlegendes Thema des spirituellen Wachstums seiner selbst oder anderer Personen richten. Mit anderen Worten: Erfolg kann auf eine Art und Weise erreicht werden, die jedem, der damit zu tun hat, zugute kommt – im Gegensatz etwa zu einer Person, die nur auf Kosten anderer gewinnt. Eine mit ihrem spirituellen Wesen verbundene Person weiß, daß wir ein überreiches Universum haben, und daß es genug für alle gibt. Wenn man damit beginnt, Entscheidungen in der äußeren Welt zu fällen, die auf dieser inneren Seinsweise beruhen, so wird sich die äußere Umwelt ganz drastisch verändern. Plötzlich reflektieren all die Menschen, Situationen und Gelegenheiten, die man jetzt antrifft, dieses innere Selbst und nicht mehr nur die äußere Persönlichkeit.

Wenn wir uns nach anderen Menschen richten, um Selbstwertgefühl, Identität, Gültigkeit und Existenz zu sichern, so leben wir nach den Gesetzen der äußeren Persönlichkeit und nicht aus einem inneren Erleuchtungszustand heraus. Wenn wir dagegen für unseren inneren Geist leben, so wird uns das ermutigen, die Bedeutung unserer Existenz, unseres Schicksals zu erforschen. Wir blicken in den Spiegel des Selbst und finden all diese Quellen in unserem Inneren und nicht in der Außenwelt. Das nennt man »für den Geist oder die Seele leben«.

Auch die moderne Psychologie und die Human-Potential-Bewegung hat ihr Augenmerk auf diese Spaltung gerichtet. Sie liefert mit großer Geschwindigkeit wichtige und wunderbare Therapien für Menschen, die sich auf der äußeren Ebene befinden, um den Kampf zu verringern und bei dieser Umorientierung zu helfen. Es ist die Psychologie und nicht notwendigerweise eine Religion oder eine spirituelle Disziplin, die dabei hilft, die Strapazen der Transformation zu erleichtern. In der Vergangenheit war es die Religion, die uns als einzigen Weg zur Selbstachtung einen kirchlichen oder dogmatisch bestimmten Gehorsam gegenüber Gott gewiesen hat. Das hat zwar eine gewisse Ähnlichkeit mit einem »Leben für den Geist«, aber wenn wir uns auf dem Weg zur Göttin befinden, müssen wir unseren eigenen Geist finden und erfahren. Wenn wir dies tun, so wird diese Welt wunderschön.

Menschen suchen immer nach einer Erfahrung, die die Existenz der Seele bestätigt. Wenn wir die Verbindung zu Seele und Geist erleben, dann können wir die Totalität des Seins verspüren. Wir können unsere Existenz fühlen und wertschätzen. Plötzlich sind wir nicht allein, sondern mit der ganzen Welt und dem inneren Selbst verbunden. Jegliche Angst, Isolation und Einsamkeit verschwindet.

Die Fähigkeit, mit der Seele und dem Geist in Kontakt zu treten, ermöglicht uns auch, den »Tod« – die Dunkelheit – ganz buchstäblich zu besiegen und auf immer mit dem »Licht«, also mit der Quelle von Energie und Geist in uns und anderen verbunden zu sein. Das ist das heilige Geschenk innerhalb der Krise, die bei dem Konflikt zwischen einem außengeleiteten Leben und einem Leben für den Geist entsteht.

Der Geist ist der ewige Funke von Gott. Die Seele ist ewig – sie ist aber im Wesentlichen eine »Hülle«, die aus karmischer Information dieses Wesens durch all ihre Lebenszeiten besteht. Obwohl das Fahrzeug der Seele Zeit und Raum transzendiert – und auf diese Weise ihre Definition von »ewig« erfüllt – wird sie langsam, im Laufe von Äonen von Lebenszeiten, durch das innere Kundalini-Feuer verzehrt. Die allmähliche Auflösung der Seelenschale ist in sich selbst schon »Erleuchtung«, da auf diese Weise die Monade oder der Funke des Göttlichen, die ewige Flamme des Geistes, aus ihrem erdgebundenen Gefängnis befreit wird. Dann werden wir aus dem Rad der Wiedergeburt entlassen und brauchen uns nicht mehr auf der materiellen Ebene zu inkarnieren. Das Ego oder die äußere Persönlichkeit ist ebenfalls eine Schale, die – unabhängig von der Seele – aus Mustern besteht, die die irdische Identität und die Charakteristika der inkarnierten Seele im gegenwärtigen Leben bestimmen.

Stellen Sie sich vor, Sie sind ein Geist, der ohne Körper im Raum schwebt – reines Bewußtsein –, und Sie entschließen sich, in die physische Ebene einzutreten, »geboren zu werden«. In manchen Fällen haben Sie eine Wahl, aber meistens müssen Sie sich in Ihrem nächsten Leben in einer Form inkarnieren, die dem Karma entspricht, das Sie auflösen wollen. Dies kann die Wahl des jeweiligen Körpers, der Lebenssituation oder des Geschlechtes bestimmen. All diese Erfordernisse werden als erdgebundenes Verlangen im »Computer« der Seele gespeichert. Das Wesen muß nach einer Situation Ausschau halten, in der es sich inkarnieren kann, und das für die klärende Arbeit am jeweiligen Karma am besten geeignet ist. Und so wählt die sich inkarnierende Seele ein physisches »Fahrzeug«, in dem der Geist, das Ego beziehungsweise die äußere Persönlichkeit, die Emotionen, der Verstand, die physische Konstitution wohnen können; alles das wird dem Fötus während seiner allmählichen Gestaltwerdung eingeprägt.

Diese vielen kollektiven Muster bestimmen, wie Sie Ihr Karma ausagieren oder auflösen. Es ist das »Drehbuch«. Vielleicht kommen Sie zu dem Entschluß, daß Ihnen das Ego, also die äußere Persönlichkeit nicht richtig dient, oder daß seine Funktion durch irgendwelche Grenzen gehemmt wird. Vielleicht entdecken Sie, daß Sie mehr erreichen wollen, oder haben das Gefühl, daß irgend etwas fehlt. In diesem Augenblick bemerken Sie dann, daß Sie die Antworten im äußeren Leben einfach nicht finden können. Vielleicht müssen Sie in sich gehen und in Kontakt mit Ihrer Seele und Ihrem Geist treten, um herauszufinden, wie Sie Ihr äußeres Leben verändern können.

Viele Menschen durchlaufen jetzt gerade diesen Prozeß, und fast alle machen sich durch eben diese Einweihung mit dem Prinzip des Weiblichen vertraut, ob sie es nun wollen oder nicht! Und natürlich gibt es Gruppen von Menschen oder Seelen, denen das überhaupt nicht gefällt. Das sind jene Menschen, die sich durch dieses »Nach-Innen-Gehen« bedroht fühlen, ohne diese Angst aber zuzugeben. Diese Menschen fürchten sich davor, in ihre dunkle Seite zu blicken. Vielleicht liegt das daran, daß ihre Seelenteile durch Traumata zersplittert wurden. Sie haben Teile ihres Wesens in einem solchen Ausmaß zergliedert, unterdrückt oder abgeleugnet, daß sie sterben oder verrückt werden würden, wenn sie nach innen blickten.

Diese Menschen kommen vielleicht zu dem Glauben, daß dieses »Nach-Innen-Gehen« per se schon schlecht, teuflisch oder häretisch ist. Was auch immer das Problem ist, der Vorgang selbst wird in die Rolle des Schurken gepreßt, er wird zum Feind, den man bekämpfen und überwinden muß. Das ist eine Tragödie. In dem Maße, wie sich die Menschheit, ihre sozialen Sitten und Kulturen entwickeln, werden diese Leute sich immer mehr als Außenseiter fühlen. Sie werden in der Kultur und Zivilisation der Menschheit auf mentalem und emotionalem Gebiet dysfunktional werden.

Es gibt auch Menschen, deren innere Empfindsamkeit aus ihrem äußeren Leben kommt. Mit anderen Worten: sie gehen genau in dem Augenblick nach innen, wenn sie dort ihre bevorzugte Aktivität erleben können. Das nennt man »unbewußt« nach innen gehen. Manche Menschen erfreuen sich an irgendeiner Aktivität, erfahren sie als positiv, sie beziehen daraus eine gewisse Identität, einen Frieden. Aber das ist keine bewußte Evolution. Für manche Menschen kann sie angebracht sein. Wir müssen verstehen, daß Menschen nicht in allen Inkarnationen nach innen gehen müssen. Manche Menschen haben einfach nur die Aufgabe zu funktionieren. Ihre karmische Prüfung besteht vielleicht darin, nur auf der äußeren Ebene funktionieren zu lernen. Es gibt solche Menschen: sie sind nicht gefordert, nach innen zu gehen, um ihre Seele zu entdecken.

Aber letztendlich müssen dennoch alle Menschen diese Reise antreten. Im Sinne eines Gruppenkarmas vollziehen die meisten Menschen diesen Prozeß unterbewußt. Zwischen dem, was ich gerade beschrieben habe, und Personen, die sich mit Absicht auf die Reise machen, gibt es einen Unterschied: Es ist die *bewußte Entscheidung*. Es muß eine Entscheidung sein, die von der äußeren Persönlichkeit ausgeht. Mit anderen Worten: Genau jenes Bewußtsein, das die Person eigentlich behindert hat, muß zu der Erkenntnis kommen, um sagen zu können: »Ich beschließe, mich nicht mehr zu behindern.« Es ist die äußere bewußte Persönlichkeit, das Ego, das diesen Entschluß fassen muß.

Die moderne Religion hat gesagt, daß wir unseren Wert nur finden können, wenn wir an Christus glauben oder uns einer Gottheit unterwerfen. Das »New Age« oder das Zeitalter des Wassermanns symbolisiert das spirituelle oder evolutionäre Schicksal, daß die ganze Menschheit das Ziel mit ihrem eigenen Geist erreicht, so daß jede und jeder diese innere Wahrheit für sich selbst leben kann.

Genau das hat Christus gelehrt. Christus hat davon gesprochen, das Leben aus einem offenen Herzen zu leben, eins zu sein mit unserem Geist und das Königreich Gottes – den Heiligen Geist – zu erkennen. Auf diese Weise werden wir zu ewigen Wesen, die sich vom Rad der Wiedergeburt befreit haben.

Die männliche und weibliche Polarität

Am Beginn unserer Einweihungsreise findet ein großer Kampf zwischen unserer männlichen und weiblichen Polarität statt. Der Schlüssel, um diesen inneren Konflikt erfolgreich zu lösen, ist das Suchen und Finden des Gottes oder der Göttin im Inneren. Und wir beginnen damit, daß wir die Definitionen der Archetypen, die uns heilig sind, überprüfen. Wir müssen erkennen, daß wir zutiefst durch unsere Bilder von Göttern und Göttinnen und den Geschichten über ihr Verhalten und ihre Weisheit beeinflußt sind.

Im Yoga und in der Meditation gibt es seit jeher Atemmethoden, mit deren Hilfe der männliche und der weibliche Energiekanal geöffnet werden kann. Es existieren auch karmische Zyklen, in denen Menschen männliche oder weibliche Mentoren wählen, um die Balance in ihrem Inneren zu polarisieren. Aber während der letzten zweitausend Jahre ist der Archetypus des Göttlich-Weiblichen fast verschwunden. Die historische Vorherrschaft der griechischen Auffassung vom Kosmos, die auf einer männlichen Götterhierarchie beruht und nach deren Vorbild auch die irdische Macht gestaltet wird, hat die Strategien und die Atmosphäre der androzentrischen westlichen Welt bestimmt.

Die männlichen Energien haben diese Epoche der modernen Welt beherrscht, wobei sich »modern« auf die Zeit nach der Zerstörung von Atlantis bezieht. Allerdings muß man hinzufügen, daß einige Kulturen dabei auch Ausnahmen bildeten, sich also dem allgemeinen androzentrischen Trend nicht angepaßt haben. Die meiste Zeit haben wir es mit dem männlichen Archetypus zu tun wenn wir uns mit der Macht in der äußeren Welt auseinandersetzen. Der größte Teil des Planeten wurde von männlich dominierten Energien beherrscht. Das bedeutet, daß Krieg, Handel, Transport, Erfindung, Wissenschaft und Künste von männlichen Persönlichkeiten und Werten beherrscht wurden. Und worin bestehen nun diese Werte? Was beinhaltet eine androzentrische Wirklichkeit? Vor allem verschiedene Begriffe wie Logik, Verstand, Handlung und Zielgerichtetheit. Gewöhnlich ist es auch Eindimensionalität, die in einer letztendlichen Schlußfolgerung kulminiert. Man könnte dies als Manifestation des linearen Denkens oder als rationales Denken und deduktives Schlußfolgern bezeichnen. Es beruht auf der Ebene des Verstandes, der Wissenschaft der Logik und der »Ordentlichkeit« der Technologie.

Wenn wir einmal die äußere Welt und unsere Zivilisation betrachten, so finden wir, daß sie männlich geworden ist: die Art, wie wir unsere Geschäfte organisieren, wie wir kommunizieren, alles, was mit Technologie und Organisation zu tun hat. »Formen« zu produzieren, gehört zur männlichen Polarität. Männer haben viele Dinge erfunden, die das Leben erleichtert haben. Ein großer Teil der Wissenschaft, einschließlich der Medizin, ist gegenwärtig ziemlich maskulin. »Männlich« bedeutet zielbewußt, handlungsorientiert und auf den »Schlußstrich«, die letzte Konklusion ausgerichtet. Die männliche Polarität funktioniert in der Gegenwart, im ewigen Jetzt. Das Reich von Aktion und Reaktion ist männlich. Ressourcen auszuschöpfen, zu organisieren, sie einer Struktur zu unterwerfen und daraus ein Produkt zu schaffen ist ein männlicher Prozeß, ein kriegerischer Akt. Wir hätten die industrielle und technologische Revolution nicht zustande bringen können, wenn wir uns in dieser Epoche in der Geschichte des Planeten nicht dem männlichen Energieprozeß unterworfen hätten. Deshalb sollten wir dieses männliche Prinzip nicht schmähen oder verdammen. Große Regierungen werden in pyramidaler Form organisiert und perpetuiert. Wenn wir ein Dreieck auf eine einzige Person hin orientieren, indem wir die Macht am höchsten Punkt dieses Dreiecks konzentrieren, so ist dies ein männlicher Prozeß. Wenn wir jedoch die Energien des Dreiecks zirkulieren lassen, so daß die Energie unablässig zwischen den Ecken des Dreiecks fließt, so ist dies ein weibliches Prinzip. Es ist nicht die Form des Energiesystems, das das Geschlecht bestimmt. Sondern es geht darum, wie sich die Energie bewegt, wie sie funktioniert, und daraus kann man dann ersehen, ob man es mit einer männlichen oder weiblichen Dynamik zu tun hat.

Wenn wir uns dafür entscheiden, unsere Sensibilität

für das innere Leben zu schärfen, so werden wir zunächst eine bittere Entdeckung machen: Die Art, wie wir früher gehandelt, unsere Ziele erreicht oder Resultate eingeholt haben, läßt uns plötzlich im Stich! Wir wissen einfach nicht, was los ist! Wenn Sie zum Beispiel eine Veränderung in einer Beziehung wünschen, so haben Sie bisher vielleicht auf der äußeren Ebene gearbeitet und versucht, die andere Person zu verändern. Sie haben das Gefühl, daß zur Lösung dieser Situation irgend etwas verändert, modifiziert, zerstört, umstrukturiert und wieder aufgebaut werden muß. Oder es muß eine besondere Anstrengung unternommen werden, so daß schon allein dieser Energieaufwand eine Wandlung mit sich bringt. Das ist die männliche Dynamik, mit einer Situation umzugehen. Wenn Sie jedoch in Kontakt mit dem inneren Leben treten, so werden Sie erkennen, daß die früheren äußerlichen Manipulationen nicht funktionieren werden. Statt dessen müssen Sie

1. die Realität der anderen Person oder Situation anerkennen und akzeptieren,
2. Ihre eigene Realität anerkennen und akzeptieren und
3. beobachten, wie diese beiden Elemente zueinander stehen. Aus diesem dritten Punkt, der Beziehung zwischen den beiden Elementen, werden Sie die richtige göttliche Ordnung, die wirkliche Beziehung innerhalb dieser Situation erkennen.

Sie werden feststellen, daß Ihre Handlungen in manchen Fällen richtig, in anderen nicht richtig waren, und können dann Ihre Beziehung und Ihre Handlungen dementsprechend verändern. Das Weibliche wendet sich nach innen, um auf die äußeren Kräfte oder Muster der Situation einzuwirken. Der männliche Weg dagegen besteht darin, die betreffende Person zu verändern, mit ihr zu streiten. Es ist eine nach außen gerichtete Handlung.

Die ideale Methode dagegen wäre es, ganz einfach zu beten und zuzulassen, daß der natürliche Fluß der kosmischen Kräfte ins Selbst einmündet, um auf die Situation und das Selbst einzuwirken. Der Energiefluß der betreffenden Person und Ihrer selbst wird zum nächsten Evolutionsstadium gelangen, weil in Ihnen eine Veränderung stattgefunden hat, und weil Sie willens waren, diese Bewegung zu akzeptieren.

Das natürliche Muster des Universums ist Veränderung. Veränderung ist seine einzige Konstante. Wenn Sie in einer Beziehung mit einem Freund stehen und diesen Freund verändern wollen, so wird das letztlich nicht funktionieren. Warum? Weil uns dies in sämtliche Verästelungen des äußeren Lebens führt, oder auch in die eines Lebens für den »anderen«. Die Veränderung wäre durch Ihren Willen erzwungen, nicht aber durch die Bereitschaft dieses Freundes ermöglicht worden.

Nehmen wir an, Sie versuchen für das innere Leben zu leben. Wenn Sie sich zum Weiblichen hin orientieren, so werden Sie in Ihrem Leben einen Raum eröffnen, in dem diese Veränderung stattfinden kann. Die Situation wird sich ganz natürlich zu ihrer nächsten Phase hin entwickeln.

Manche Menschen sagen mir: Ich habe so viele Jahre mit dieser Person verbracht, und sie hat sich nicht im geringsten verändert. Sie ist nicht um Haaresbreite von ihrer Position abgerückt. Dann erkläre ich ihnen: Wenn diese Person sich jahrelang nicht verändert hat, so hat sie all ihre verfügbare Energie, und die Ihrige noch dazu, eingesetzt, um eine »Gleichheit« aufrechtzuerhalten. Letztlich ist eine Person, die so etwas tut, schon am Sterben, und zwar sowohl buchstäblich wie auch seelisch, denn das Wesen des menschlichen Bewußtseins besteht darin, sich entweder zu entwickeln oder zu verwesen. Eine Person wird entweder wachsen und mehr Lebenskraft sammeln, indem sie an lebensspendenden Situationen teilhat, oder aber sie versucht sich selbst vor dem Sterben zu bewahren, oder aber sie stirbt tatsächlich. Das ist eine Person, die sich vor dem Leben fürchtet – gegenüber den Qualen des Lebens scheint der Tod die einfachere Lösung zu sein.

Es gibt auf dem Antlitz der Erde Menschen, die ihr ganzes Leben so organisieren, daß der Status Quo erhalten bleibt. Diese Menschen sind Ausbeuter: sie benützen alles, was ihren Weg kreuzt, sie benutzen Sie und Ihre Energie, um ihre Position aufrechtzuerhalten, um sich selbst zu bewahren. Indem sie ihre Position festhalten, verlieren sie ihre eigene Energie und verzehren die Energie derjenigen, die ihnen am nächsten sind: Partner, Familienangehörige oder Freunde. Im Sinne der Evolution sind in dieser Situation nur drei Bewegungen möglich:

1. Bewegung nach vorne (Veränderung);
2. Verzögerung, aber dies ist nur ein Vorspiel des Welkens;
   und
3. Rückentwicklung, und das ist Sterben.

Menschen können diese Verzögerung aufrechterhalten, aber sie können es nicht allein. Nach den Gesetzen der Physik kann die Energie zwar in einem geschlossenen System zirkulieren, sie ist aber nicht imstande, zusätzlich das System auch noch in Gang zu halten. So wird es zunächst statisch und verzehrt sich schließlich auf der Suche nach Brennstoff selbst. Woher wissen wir das? Weil noch niemand das Geheimnis des Perpetuum Mobile gelöst hat!

Im menschlichen Bereich ist die einzige Möglichkeit, eine »ewige Energiequelle« anzuzapfen, der Kontakt mit der Energie der Seelen-Ebene. Wenn Sie bewußt mit Ihrer Seele in Kontakt stehen, so wird es Ihnen nie passieren, daß Sie ein stagnierendes System am Laufen halten. Vielmehr werden Sie immer auf Selbst-Entwicklung hinarbeiten. Es ist ein Naturgesetz, daß Sie mit Ihren Seelen-Energien nicht in Kontakt stehen, und daß Sie zu Süchten neigen, wenn Sie sich damit abgeben, eine Situation oder einen Energiefluß statisch zu halten.

Die maskuline Dynamik wendet große Mengen von Energie auf. Sie müssen immer genügend Energie haben, um diese Kräfte zu konzentrieren und Handlungen mit Energie zu speisen. Wenn Sie ausschließlich durch die Dynamik der männlichen Energie arbeiten, so werden Sie physische Probleme bekommen: Unfälle, Herzattacken, Hirnschlag – wie auch Probleme, die auf Selbstzucht und Kontrolle beruhen.

Wir müssen zu der Frage zurückkommen, wie die männliche Energie im Gegensatz zur weiblichen Energie funktioniert. Wenn wir zum Beispiel eine Veränderung in unserem Geldfluß erzielen wollen, so gibt es eine Reihe von Wegen, um dies zu bewerkstelligen. Einer davon wäre »männlicher« Art: Man versucht eine bessere Anstellung zu finden, die Ausbildung zu verbessern, oder fordert eine Gehaltserhöhung. Dadurch entsteht eine äußere Wirkung oder Handlung. Es ist eine Anstrengung, die auf männlicher Energie beruht. Man greift zu direkten Aktionen und richtet sie auf die äußere Welt.

Wenn man jedoch durch das weibliche Prinzip zu mehr Geld kommen will, so konzentriert man sich darauf, das eigene »Fließ-System« zu reinigen. Das beinhaltet die Heilung oder Aktivierung jenes Persönlichkeitsteils, der aufnimmt und empfängt. Die weibliche Dynamik fließt ja nach innen, es ist die Kunst des Empfangens, des Aufnehmen, Haltens und Verschmelzens, und so können wir beobachten, ob unser weibliches Energiesystem in seiner Aufnahmefähigkeit blockiert ist. Wenn dies der Fall ist, so können wir etwas daran ändern (und dies bedeutet wiederum einen männlichen Energieaufwand.)

Der Schlüssel zum »Aufnehmen und Empfangen« wie auch zum »Geben und Spenden« findet sich im Herzchakra. Dies ist das Zentrum der weiblichen Dynamik und der Eingang, durch den wir mit der Seele in Kontakt treten. Es ist das Herz, das die Notwendigkeit und das Verlangen nach dem »inneren Leben« laut ausspricht.

Kapitel 7: Das Herz öffnen – Liebe und Mitgefühl meistern

Diese Einweihungsstufe – die Öffnung des Herzens – findet oft gemeinsam mit einer Transformation des dritten Chakras statt, die als Einweihung des dritten Chakras bezeichnet wird. Als symbolischer Tod des Verstandes reduziert sie die Vorherrschaft des »mentalen Körpers« und verlagert dadurch das gesamte Bewußtsein der betreffenden Person dauerhaft ins Herz.

Das Herz führt nicht nur zur Seele, sondern auch zur Menschlichkeit. Die höchsten Werte, Normen und Glaubensvorstellungen, die es in der menschlichen Familie gibt, sind im Herzen beheimatet. Es ist der Schlüssel zur menschlichen Evolution. Wenn wir das Herz einer Person kennen, sehen wir ihren persönlichen Entwicklungszustand, aber auch den Entwicklungszustand der ganzen Menschheit.

Gegenwärtig durchläuft das Herz der Welt eine ungeheure Krise. Wenn wir die verschiedensten Länder betrachten, so sehen wir Aufruhr und Umwälzung; Verstand und Herz der Menschen stehen miteinander im Konflikt. Manchmal sind auch die Herzen ihrer Regierungen in Konflikt. Wir leben in einer verwirrenden Zeit, denn die Menschen haben Vorstellungen über ihre Wünsche, die sie im Herzen tragen, aber diese Sehnsüchte stehen auf Kollisionskurs mit der äußeren Welt: mit Regierungen, Institutionen, Organisationen und Religionen. Alles ist in Aufruhr. Und dennoch ist es eine heilige Zeit für die Entwicklung der Menschheit, weil das wichtigste Zentrum oder Chakra der menschlichen Evolution das Herz ist.

Wir sind durch die Bedürfnisse des Herzens motiviert, nicht durch die des Verstandes. Wenn das Herz nicht gut genährt wird, dann verlieren Menschen ihre Hoffnung und das Gefühl für die Zukunft.

In dieser Zeit der menschlichen Evolution beruhen viele Konflikte auf den Bedürfnissen des Herzens; es gibt ein Bedürfnis nicht nur nach Wachstum, sondern auch nach Ausdruck. Wir haben einen Konflikt zwischen dem Herzen und allen möglichen Idealvorstellungen: Wie die Dinge sein sollten, wie sie sein könnten, und wie sie wirklich sind. Werden wir ein Bewußtsein entwickeln, das die Bedürfnisse der Menschenherzen achtet und befriedigt?

Einer der wichtigeren geophysikalischen Festtage der Erde ist die Frühjahrstagundnachtgleiche, ein »herzzentrierter« Festtag. Es ist die Zeit, in der sich die Erde öffnet, und das Leben hervorbirst. Wer kann inmitten dieser Schönheit stehen, ohne daß sich sein Herz öffnet? Diese Zeit ist also immer eine Zeit von Neugeburt und Neubeginn. Es ist eine Zeit, in der sich das Herz öffnet. Daher stammt auch der Spruch: »Im Frühjahr wird die Verliebtheit junger Menschen zu Liebe!«

Das Herzzentrum ist nicht nur eine romantische Vorstellung; es reguliert tatsächlich die Fähigkeit, Liebe zu geben und zu empfangen. Liebe ist die Fähigkeit, Mitgefühl und Einheit zu verspüren und auf der Basis dieser Gefühle zu handeln. Sie ist auch mit dem Christusbewußtsein identifiziert worden. Die zentrale Lehre von Jesus Christus war die Öffnung des Herz-Zentrums, und zwar mit einer solchen Intensität, daß das Königreich Gottes oder der Heilige Geist »vom Himmel herabkommt« und sich im Herzen niederläßt. Das ist eine wirkliche Einweihung, die eine chemische Veränderung des Körpers erzeugt, und so kommt es zu einer »alchemischen Vereinigung« mit dem Göttlichen. Sie öffnet das Herz-Zentrum so sehr, daß man zu einem lebenden Christus wird.

Der Herzmuskel im physischen Körper ist symbolisch mit der Fähigkeit des Herzens verbunden, sich zu weiten und zu transformieren. Manchmal leidet auch das physische Organ des Herzens selbst unter Störungen, weil sich so viel Karma (physisch, emotional und mental) im Herzchakra angesammelt hat. Wenn Sie dabei sind, die Einweihung des Herzzentrums zu empfangen oder wenn Sie gerade eine karmische Herausforderung im Herzzentrum erleben, so wird das Herz mit Kundalini-Energie überflutet.

Es gibt gewisse Grenzen für die Transformationsfähigkeit des Herzens. Karma kann dafür der Grund sein, dann nämlich, wenn im Herzen sehr viel davon gespeichert ist. Denn das Karma aus vergangenen Leben und genetischen Mustern der Eltern kann tatsächlich das maximale Transformationspotential im gegenwärtigen Leben bestimmen. Es ist möglich, dieses Problem durch eine Reinkarnationstherapie zu lösen, dort werden Prozesse in Gang gesetzt, durch die karmische Konflikte gelöst werden können. Wenn im Herzchakra eine *Heilungskrise* stattfindet, so kann dies zu einer physischen Herzattacke führen. Im metaphysischen Sinn können Herzattacken und andere Herzstörungen die Unfähigkeit ausdrücken, Liebe zu geben oder zu empfangen. Das Herz spiegelt oftmals auch Probleme, die jemand mit Kontrolle hat, dann nämlich, wenn der Strom der Liebe kontrolliert und blockiert wird. Wenn der Verstand in Konflikt mit dem Herzen steht, so versiegt der Strom der Liebe, und ein Gehirnschlag kann die Folge sein. Wenn das Herz mit dem Göttlichen im Krieg steht, so kommt es eher zu einem Herzschlag.

Das Herz – die vierte Einweihungsstufe – ist der schwierigste Einweihungsschritt, und trotzdem glauben die meisten Menschen, daß die größte Schwierigkeit im Solar Plexus, dem dritten Chakra, liegt. Ich möchte es folgendermaßen erklären: Wenn sich Menschen auf den dritten Einweihungsschritt vorbereiten, so sind sie auf jeder Ebene ihres Lebens mit Situationen oder Menschen konfrontiert, die ihre liebgewordenen Glaubenssysteme verstandesmäßig herausfordern.

Es gibt einen Unterschied zwischen Bewußtsein und Verstand. Verstand ist ein Speicherorgan, er beherbergt all die Prozesse, in denen wir Information sammeln und in den Computer einspeisen. Der Verstand wird zu einem komplexen Gebilde aus Vorstellungen und Meinungen, zu einem Gesamt von Gedanken und Gewohnheiten. Der Verstand wird zu einer festen Wahrnehmungsweise, und dadurch entsteht Struktur, »Realität« und Identität. All diese Teile zusammen konstituieren das Ego, das äußere Selbst.

Wenn sich das Bewußtsein verändert, so verändert sich auch der Verstand. Das Bewußtsein ist die Summe allen Wissens, das in den Chakren vorhanden ist. Mit anderen Worten: Alle Chakren haben ein gewisses Niveau von Wahrnehmungsfähigkeit, und wenn all diese Wahrnehmungen synthetisiert werden, so wird dies als *Bewußtsein* bezeichnet. Bewußtsein kann viel weiter sein als der Verstand. Denn dieser kann sich an alle möglichen Vorstellungen und Erfahrungen aus der Vergangenheit klammern. Wenn man dem Verstand zuviel Macht gibt, so wird er zu einem Tyrannen, der alle anderen Energiezentren des feinstofflichen Körpers okkupiert. Geschieht dies, so ist es sehr schwierig, diese Tyrannei zu durchbrechen und die Freiheit des Bewußtseins wiederzuerlangen.

Wenn die verstandesmäßigen Vorstellungen von Menschen in die eine Richtung weisen, und Seele und Körper eine andere Richtung einschlagen, so weiß man, daß es einen Kampf auf Leben und Tod geben wird. Nur sehr selten wird der Verstand seine Vorherrschaft (oder Denkweise) freiwillig aufgeben, denn er ist ja nur ein Computer. Er ist unpersönlich, hat kein eigenes Bewußtsein, ist nur ein Verarbeitungsorgan und eine Methode, um Energie zu bewegen.

Wenn man Verstandeskonzepte verändern will, so muß man das Bewußtsein, das in allen anderen Chakren vorhanden ist, aktivieren und durchforschen. Wenn man dieses Bewußtsein akzeptiert, anerkennt und integriert, so wird dies zu einer Transformation des Verstandes führen.

Die Einweihungsstufe des dritten Chakras erzeugt eine Krise des intellektuellen Überlebens – es geht hier darum, nicht dem Wahnsinn zu verfallen oder unter ihm zu leiden. Die Initianden müssen den Denkprozeß des Verstandes und die beschränkte angesammelte Struktur der Wirklichkeit aufgeben und ins Herz gehen. Ich möchte Ihnen dazu ein Beispiel geben.

Wenn jemand sich verliebt und sein Herz verschenkt, dann aber enttäuscht wird, so kann es zu einer Verstandeskrise kommen. Vielleicht hegte die verliebte Person gewisse Vorstellungen und Erwartungen von dieser Beziehung, und wenn sich diese dann nicht erfüllen, kann der Verstand »zerbrechen«. Es ist der Verstand, der nun in Trümmern liegt, während das Herz noch immer von Liebesgefühlen voll ist, die eigentlich zuerst vom Verstand ausgelöst wurden. Nun gibt es also kein Ziel mehr, auf das diese Gefühle gerichtet werden können, und das Herz fühlt sich zurückgewiesen. Die Rettung kommt dann, wenn die betreffende Person die Tyrannei des Verstandes und seine Kontrolle über das Herz bricht. Von da aus führt ein Weg direkt ins Herzchakra, das bedingungslose Liebe, Verzeihung, Mitgefühl und Befreiung symbolisiert. (Das ist eine echte Einweihung!)

Dadurch kann das Herz »überfließen«, ohne die Gegenwart des Geliebten zu fordern, jenes Menschen, der einem das »Herz gebrochen« hat.

Nun können Sie sagen: »Mir ist das Herz gebrochen worden; warum sollte ich mein Herz noch einmal öffnen?« Aber das Herz wurde nicht durch das Herz gebrochen, sondern durch die Tyrannei des Verstandes. Hätte die Tyrannei des Verstandes nicht den ganzen Ablauf bestimmt, so hätte das Herz von Anfang an gespürt, daß irgend etwas faul war. Meistens ist es der Verstand, der einen in die Liebe stürzt, und nur selten das Herz.

Wenn Sie irgendeine Vorstellung, eine Obsession, ein Dogma in Ihrem Verstand tragen und ihr Leben danach einrichten, so wird es genauso ablaufen, wie Sie es wollen. Sie erzeugen die Sachlage durch Ihre Vorstellungskraft. Weiter ist da nichts. Sie sind eine göttliche Person. Sie sind Gott, und niemand kann Ihnen den Weg verbauen. Das ist die Tyrannei des Verstandes. Er klammert sich an eine Realität, die von ihm selbst unter Ausschluß aller anderen Teile Ihres Wesens erzeugt wurde.

Wenn Sie dieser Tyrannei folgen und dem Verstand erlauben, über Sie zu bestimmen, so werden sich vielleicht die gewünschten Folgen einstellen, sie werden aber nicht dauerhaft sein. Wenn die Resultate nicht genauso werden, wie Ihr Verstand die Wirklichkeit vorgeplant hat, so werden Sie eine Glaubenskrise durchmachen, aber Sie werden nicht Ihrem Verstand die Schuld geben, sondern Ihrem »dummen« Herzen.

Wenn Sie sich dem Herzen durch das dritte Chakra nähern, so nennt man dies das »falsche Herz«. Sie werden rationalisieren, daß Sie es um Ihres Herzens willen tun, aber in Wirklichkeit ist es nur der Verstand, der hier kontrolliert. Vielleicht entdecken Sie dann, daß Ihr Herz ganz andere Bedürfnisse hatte als Ihr Verstand.

In diesem Augenblick beginnen Sie dann, an der echten Einweihung des Herzens zu arbeiten.

Wenn Sie Ihr Leben früher der Tyrannei und den Produkten des Verstandes angepaßt haben und nun nach den Bedürfnissen des Herzen zu leben beginnen, so verändern sich langsam auch die Lektionen, mit denen Sie in Ihrer Lebenswirklichkeit konfrontiert sind. Sie werden viele verschiedene Erfahrungen serviert bekommen, die Ihr Herz herausfordern und nähren.

Die Beschaffenheit der Herausforderungen in der Einweihungsstufe des Herzens zeigt Ihnen dann, wie offen Sie sind, um Liebe zu empfangen oder zu geben. Sie werden vielleicht Situationen antreffen, wo Sie vom Herzen aus mitfühlend sein müssen, auch wenn ihre mentalen und emotionalen Zentren alle möglichen Gründe aus der Vergangenheit gespeichert haben, die dieses Mitgefühl behindern. Sie müssen wählen, was für das Herz richtig ist, und nicht, was das innere kleine Kind – ihr emotionaler Körper – tun will, oder auch was der Verstandestyrann von Ihnen fordert.

Oftmals trägt der Emotionalkörper das Bewußtsein eines Zwei- oder Dreijährigen in sich. Hier ist der volle historische Erfahrungsschatz Ihrer Kindheit und die emotionale Persönlichkeit Ihrer Eltern gespeichert. Wenn Sie reifer werden, versucht der Verstand eine akzeptable »Realität« als Lösung für die grundlegenden Bedürfnisse des emotionalen Körpers zu liefern.

Wenn Sie gefordert sind, das Herz zu öffnen, um zu empfangen, so werden Sie viele Gelegenheiten haben, um zu lieben. Aber Sie werden unfähig sein, diese Liebe wirklich zu spüren oder mit ihnen in Verbindung zu treten. Sie müssen sich nun mit der Angst, der Wut und all jenen Gefühlen auseinandersetzen, die Sie davon abhalten, sich dem zu unterwerfen, was zur Einheit hinstrebt.

Das Bewußtsein des Herzens weilt in der ewigen Gegenwart. Das Herzchakra ist das einzige Chakra, das sich nur mit dem »Jetzt« befaßt – dem aktiven Prinzip der strömenden Liebe. Dieses Fließen ist wie ein Energiestrom, der aus der Aura hervorkommt und in die Aura einströmt. Es ist ein Austausch von Energie zwischen dem Herzen und der äußeren Welt, wie auch zwischen dem Herzen und der inneren Welt. Es genügt zu sagen, daß die Einweihungsstufe des Herzens ein besonderer Wendepunkt ist – ein bedeutsamer Wegweiser auf dem Pfad zur Erleuchtung. Die Menschheit lebt und stirbt genau in dem Maße, wie das »Herz« reich oder arm ist. Liebe ist die wichtigste Währung im Königreich, sie ist das größte Geschenk. Nach ihr sehnt man sich, sie ist das Ziel der Wünsche. Versuche, Liebe zu kaufen sind immer zum Scheitern verurteilt. Liebe kann nur durch ein offenes Herz gewonnen und bewahrt werden. Wenn diese Einweihungsstufe einmal vollendet worden ist, so schenkt sie dem Suchenden Frieden – jetzt und in Ewigkeit.

Das Wesen der Liebe

Wir wollen nun *Liebe* definieren, aber nicht als Begriff, sondern als wirkliches und wirksames Energiemuster. Die Energie der Liebe kann die weibliche und männliche Polarität zum Verschmelzen bringen. Sie ist der Klebstoff, der alles in diesem Universum zusammenbindet. Sie ist Klebstoff, ganz einfach Klebstoff. Sie ist *nicht* Ursache und Wirkung, sie ist nicht Anziehung und Abstoßung, sondern ein Produkt, das durch zwei Menschen, zwei Polaritäten oder Elemente erzeugt und geschaffen wird, die zusammenkommen. Sie ist das dritte Produkt, das Resultat, das aus dem Gesetz von Ursache und Wirkung hervorgeht.

Liebe ist eine sehr interessante Schwingung, weil sie in ihrer Essenz Verschmelzung verursacht. Wenn Sie die Schwingung der Liebe zwischen zwei Menschen setzen, die sich hassen, so wird es zu einer Fusion, einer Verschmelzung kommen, oder aber es wird eine Implosion oder eine Spaltung der Fusion eintreten. Liebe ist das Gesetz oder die Kraft, die den Resultaten von Anziehung und Abstoßung zugrunde liegt. Wenn zwei Kräfte zusammenkommen (das ist dann die Wirkung der Anziehung), karmisch aber nicht zueinander passen, so wird die physische Dynamik der Liebe als Energie nur eine zeitweilige Verschmelzung oder Synthese zulassen. Diese Synthese, man könnte auch sagen, dieses Nebenprodukt, wird nicht andauern, sondern verfallen. Und daraus resultiert dann eine Spaltung der Fusion (das ist dann also Abstoßung).

Das Nebenprodukt, das man »Liebe« nennt, hat eine ganz besondere Schwingung. Menschen nehmen Liebe immer als etwas Positives wahr, etwas, was aus einer positiven Situation geboren ist, obwohl Sie in Wirklichkeit weder positiv noch negativ ist. Sie ist einfach ein Klebstoff, der Sie aufsaugen kann. Wenn Sie Liebe erzeugen, so lösen ihre Schwingung und ihr atomarer Aufbau eine chemische Kettenreaktion aus. Wenn Sie vor jemandem sitzen, der Sie liebt, so fühlen Sie sich von dieser Person aufgesaugt. Sie werden durch diese Energie überwältigt, passen sich ihrer Schwingung an und werden damit eins.

Der atomare Aufbau der Liebesschwingung ist subtiler als irgendein anderer Stoff oder ein anderes Bewußtsein in der Welt. Liebe ist imstande, den Raum zwischen allen atomaren Strukturen zu durchdringen, alle Materie und alle Gedankenformen zu verwandeln. Das Inkarnationsrad unseres speziellen Universums ist auf die Schwingung der Liebe gegründet. Die Evolution in diesem Universum wird durch »Absorption« (Vereinigung und Verschmelzung) zustande kommen. Das ist der Begriff, die Schwingung und der Aufbau der Liebesenergie. Die Schwingungsfunktion der Liebe besteht in Absorption, Verwandlung, Verschmelzung und Einheit.

Jeder möchte gern »verliebt« sein. Was ist das für ein Trieb? Es ist ein Verlangen nach Verbundenheit, Einheit und Absorption. Von Natur aus empfinden wir unsere Individuierung als Schmerz, Einsamkeit, Verlassensein und Isolation – wir fühlen uns von der Einheit abgeschnitten. Wir alle sehnen uns danach, Teil der Einheit zu sein. Wir haben intuitiv den Begriff der Liebe genährt, die im Grunde eine wirkliche Bindekraft, eine schöpferische und freudvolle Kraft ist, die Einheit erzeugt. Liebe ist ein physisches atomares Konzept, das weder männlich noch weiblich ist. Wenn die Energiefunktion der Liebe in das Weibliche eintritt, so kann das Weibliche einen Raum erzeugen, um den Geist aufzunehmen und aus Materie neue Form zu erschaffen. Wenn die Energiefunktion der Liebe durch den Mann wirkt, so »befruchtet« er die Frau und polarisiert Materie, damit sie sich öffnet und neu formiert. Liebe kann auch ein Nebenprodukt sein, das durch die Verbindung des Männlichen und Weiblichen erzeugt wird. So entsteht also »Energie« selbst: Liebe.

Was hat das mit dem Weg der weiblichen Initiation zu tun? Wir sagten zuvor schon, daß der Eingang zur Seele und dem Geist durch das Herz geht. Was geschieht, wenn wir unser Herz öffnen? Schon dieser Vorgang selbst, die Öffnung des Herzens, erzeugt als Nebenprodukt die Schwingung der Liebe. Sie wird in das Universum entlassen; es ist die Kraft der Verbindung, Verschmelzung und Einheit. Liebe macht, daß alle Räume erfüllt und durchdrungen werden, damit es keine Einsamkeit oder Isolation, sondern nur Verbundenheit gibt.

Und wieder ist ein wenig mehr vom Universum verschmolzen worden!

Liebe muß nicht notwendigerweise zwischen zwei Menschen stattfinden. Es kann auch die Liebe zu einem Felsen, einem Baum, einem Tier, einem Kind, einem Menschen oder irgendeinem anderen Lebewesen sein. Manchmal nennt man diese Liebe auch »Mitgefühl«.

Mitgefühl ist ein Seinszustand, über den wir zwar Vorstellungen haben, der aber im Bereich der physischen Wirklichkeit oft falsch interpretiert und mißbraucht worden ist. Wirkliches Mitgefühl in der buddhistischen Tradition hat auch mit Loslassen zu tun. Wir müssen zuerst unsere Definitionen von Mitgefühl und liebesähnlichem Gefühl überprüfen, bevor wir mit dieser Einweihungsstufe fortfahren können.

Es gibt viele Arten und Weisen, wie wir uns mit unserer eigenen Gattung in Verbindung setzen können. Da gibt es zunächst die Sympathie. Wenn wir uns sympathisch sind, so heißt das, daß das Bewußtsein bereit ist, einem anderen Bewußtsein zuzustimmen oder sich ganz einfach anzuschließen. Sympathie gibt es dort, wo Menschen sich in Gruppen von Gleichgesinnten zusammenfinden.

Es herrscht sympathische Anziehung zwischen Menschen mit dem gleichen Hintergrund, deren Mühen und Krisen im Leben sich ähneln. Menschen können auch mit bestimmten Anliegen, Glaubensvorstellungen, Idealen und Ideen sympathisieren.

Sympathie ist zwar ein legitimer Aspekt der Intimität zwischen Menschen – entspringt aber im Grunde dem Verstand. Die Konzepte und Vorstellungen über »Wahrheiten«, denen wir anhängen, sind Produkte des Verstandes, und deshalb ist Sympathie eine Funktion des verstandesbetonten Bewußtseins, des dritten Chakras.

Liebe vereint das erste, zweite und dritte Chakra und

erschafft eine Synthese, nämlich das »Herzbewußtsein« einer Person.

Es gibt auch die empathische Gefühlsbeziehung zwischen Menschen: Wir »werden« zu der anderen Person, indem wir uns in ihre Gefühle versetzen. Man nennt das »Empathie«, es ist eine Funktion des zweiten Chakras. Dadurch empfinden wir *dasselbe* wie die andere Person. Und wirklich: wir fühlen nicht nur dasselbe, sondern wir werden zu dieser anderen Person. Wir übernehmen ihre Gefühle, als seien es unsere eigenen.

Empathie ist eine Funktion des Emotionalkörpers. Wenn wir sie praktizieren, sind wir fähig, unsere Sinne auf die Lebenswirklichkeit einer anderen Person zu richten, mit ihr in Kontakt zu treten und die jeweiligen Emotionen in unseren Körper zurückzubringen. In diesem Augenblick werden unsere Gefühle verwandelt, damit sie zu den Gefühlen der anderen Person passen. Und so übernehmen wir ihre Gefühlswirklichkeit, ganz gleich, in welchem Zustand diese sich befindet.

Empathie gibt es oftmals zwischen Familienmitgliedern, Liebhabern, Freunden und Menschen, die eng miteinander vertraut oder sogar emotional aneinander gebunden sind. Negative Empathie kann auch zwischen Personen entstehen, die in ihrem Emotionalkörper keine Grenzen haben – dies nennt man auch »Suchtstruktur«. Es handelt sich dabei um Menschen, die während einer traumatischen Kindheit ständig ihre Aura nach außen richten mußten, um die Gefühlswirklichkeit anderer Menschen »aufzuzeichnen«. Das mußten sie tun, um selbst geistig gesund zu bleiben und um physisch zu überleben. Von daher ist in ihren Überlebensmechanismen dieses ständige empathische Spüren enthalten.

Empathie ist der erste Schritt zur Öffnung des Herzchakras. Wenn wir uns empathisch auf einen anderen Menschen beziehen, so heißt dies noch nicht, daß wir

Sympathie für ihn haben; aber wir treten in Kontakt mit seinen Emotionen. Wir fühlen und empfinden von seiner Warte aus.

Es gibt auch physische Liebe oder physische Anziehung, und das ist eine Art von emotionaler Bindung, die aus dem ersten Chakra kommt. Sie ist ihrem Wesen nach physisch und sexuell. Wenn ich »physisch« sage, so meine ich damit, daß wir durchaus die Gegenwart oder Energie einer anderen Person physisch ersehnen können. Wir haben dieses physische Verlangen, diese Abhängigkeit, weil ihre Lebensenergie in unseren Körper eingeprägt ist – es sind gewissermaßen zwei Efeuranken, die sich umschlingen. Diese Art von Verbindung besteht gewöhnlich zwischen Liebenden, Familienmitgliedern und Menschen, mit denen wir eine enge Arbeitsbeziehung oder eine sonstige tägliche physische Verbindung haben oder hatten. Das physische Energiefeld von zwei Personen ist dann verwoben.

Liebe beinhaltet Empathie und Sympathie, und manchmal auch physische Anziehung. Liebe entspringt aus dem vierten Chakra. Wirkliche Liebe im gesunden Sinn ist jener Teil von uns in unserem Herzen, der die andere Person einfach nur für das liebt, was er oder sie ist.

Es gibt Liebe, die aus karmischen Verbindungen herrührt. Das kann man im sechsten Chakra oder dem Dritten Auge spüren. Wir können uns an eine Person binden, weil wir sie in einem anderen Leben gekannt haben. Diese Bindung ist nun bereits obsolet, und es ist nur eine Frage der Zeit, bis man es schafft, sich im Inneren soweit zu öffnen, daß man das karmische Problem lösen kann.

Es gibt auch göttliche Anziehung, eine Verbindung von gleichgesinnten Seelen. Wenn wir uns von jemand aufgrund seiner Seele angezogen fühlen, so ist es selten eine Person aus unserem unmittelbaren Familienkreis – das Gegenteil ist der Fall. Meistens handelt es sich um einen Guru, einen Lehrer, einen Mentor oder eine Person, die mit unserer spirituellen Entwicklung in Beziehung steht. Diese Person teilt oftmals unseren spirituellen Weg.

Und wo paßt nun das Mitgefühl hinein? Mitgefühl ist eine Funktion des fünften Chakras. Das fünfte Chakra entspricht der Schilddrüse und dem parasympathischen Nervensystem im Körper. Es ist auch der »Lautsprecher«, mit dem wir uns auf der physischen Ebene kreativ manifestieren können.

Mitgefühl ist eigentlich eine aktive Handlung. Wie Liebe, so ist auch Mitgefühl eine funktionale Energie – die Fähigkeit, mit anderen in Kontakt zu treten. Wenn wir sagen, daß jemand Mitgefühl hat, so wissen wir, daß diese Person Sympathie, Empathie und Gefühl für andere Menschen empfindet, ganz gleich, was oder wer sie sind – selbst, wenn diese Menschen vollkommen fremd sind, und einer anderen Rasse, Klasse oder Kultur angehören.

Wenn wir jemanden als mitfühlend bezeichnen, so meinen wir damit, daß diese Person keinen persönlichen Grund hat, irgendeinen anderen zu lieben oder sich an ihn zu binden, es aber trotzdem und noch dazu bedingungslos tut. Solche Menschen lieben ohne Bedingungen. Das nennt man *Mitgefühl.*

Aber wahres Mitgefühl heißt, daß man innerlich frei und ungebunden bleibt. Wenn wir Mitgefühl verspüren und gleichzeitig eine innere Bindung eingehen, so ist das Sympathie, Empathie oder irgendein anderer zuvor schon erwähnter Prozeß gegenseitiger Abhängigkeit. Wenn wir jedoch wahres Mitgefühl haben, so heißt das, daß wir nicht an das Resultat unserer Liebe gebunden sind, genausowenig auch an die Geschichte der Person oder des Gegenstandes, den wir lieben. Deshalb existiert Liebe in der Ewigkeit, dem Reich des Bedingungslosen.

Wenn wir wahres Mitgefühl haben, so bedeutet das, daß wir alles in unserem Inneren aufnehmen können. Wir können es absorbieren und in uns bewahren, ohne, daß es uns verzehrt. Das ist eine Verschmelzung in vollkommenster Weise. Das ist der Begriff des buddhistischen Mitgefühls. Wenn wir von den Buddhas des Mitgefühls hören oder sie sehen, so sind das immer Götter und Göttinnen, deren Liebesschwingung sich über alles und jedes ergießt. Sie sind ganz buchstäblich die Schwingung selbst, und wenn wir ihre Namen anrufen, so aktivieren wir diesen Bewußtseinszustand, nämlich Mitgefühl in seiner höchsten Form.

Wenn wir in dieser Schwingung sind, so können wir uns für unsere eigene Seele öffnen, weil der energetische Schlüssel zum Reich der Seele die Liebe ist. Liebe fühlt man durch das Herz. Im Herzen findet die Synthese zwischen den unteren und oberen Chakren statt. Alle Methoden und Systeme von Beziehungen und Bindungen treffen sich im Herzbereich und werden dort zur Synthese gebracht.

Als ich Ihnen meine Erfahrung vom Einweihungsweg der Göttin mitgeteilt habe, ist Ihnen vielleicht aufgefallen, daß ich bestimmte Punkte immer wieder betont habe. Zum Beispiel: Das Herz ist das Eingangstor; Liebe, Mitgefühl und Verständnis (Weisheit) sind die Bewußtseinszustände, die den Eingang zur Seele erlauben; indem wir Liebe, Mitgefühl und Weisheit praktizieren, halten wir diese Verbindung, diesen Zugangsweg offen.

Das ganze Wissen um den Einweihungsweg der Göttin hat letzten Endes nur ein Ziel: Wenn wir mitfühlend werden, so können wir wirklich durch das Tor des Herzens in das Herz der Erleuchtung schreiten.

Den Schlüssel des Mitgefühls zu tragen heißt, die höchste Ebene in der menschlichen Evolution zu erreichen. Wenn wir die Schwingung des Mitgefühls in der ganzen zellularen Struktur unseres physischen Körpers tragen, so haben wir tatsächlich unser Wesen in einem solchen Ausmaß chemisch verändert, daß unser Körper zu »flüssiger« Schwingung wird. Wir unterliegen nicht mehr den Gesetzen der Schwerkraft, die gleichzeitig auch das Gesetz von Ursache und Wirkung (Karma) ist. Das heißt, daß wir aus dem Rad der Wiedergeburt entlassen sind.

Alle wichtigen Lehrer der physischen Ebene haben Liebe gelehrt. Buddha lehrte Mitgefühl, und Jesus Christus natürlich auch. Immer und immer wieder im Laufe der Menschheitsgeschichte wurde ein gewisser Abglanz des Göttlichen, ein bestimmtes Wissen in ganz ähnlicher Weise gelehrt. Dieses Wissen ist der Begriff der »Liebe«. Es ist schließlich vielen Menschen klar geworden, daß sich alle Herzen öffnen müssen, wenn die Menschheit und unser Planet überleben soll.

Alle Finsternis, die zwischen uns und unserem Herzen steht, muß aufgelöst werden. Unser Herz, unser ganzes Bewußtsein muß für die innere Ethik und die Werte des Göttlichen geöffnet werden. Wenn das vollbracht ist, so wird der wahre Strom des Mitgefühls und der Liebe für den Planeten Erde und alle vernunftbegabten Wesen im Universum ins Fließen kommen. Ist es nicht wunderschön, daß jeden Tag soviele Menschen mit dieser Vision aufwachen, ohne Priester und Priesterinnen, Orakel, Kirchen oder Dogmen danach zu befragen?

Wir charakterisieren Menschen nur selten als mitfühlend-erleuchtet oder als erleuchtet von Mitgefühl. Und dennoch weiß man, daß die Frauen und Männer, die den Einweihungsweg der Göttin gemeistert haben, auch die Geheimnisse von Geburt, Leben, Tod und Regeneration gemeistert haben, die letztlich zu Erleuchtung durch das Mitgefühl führen.

Die Initianden, die sich auf dem Einweihungsweg der Göttin befinden, seien sie nun männlichen oder weiblichen Geschlechts, haben den *Prozeß* der Schöpfung gemeistert: Befruchtung, Schwangerschaft, Bewahrung des »Lebens« im Inneren und seine Geburt. Und was ist dieses »Leben«? Es ist ein jedes Projekt, jede Idee, jede Situation oder jedes Wesen, das wir »gebären« wollen.

Nach einer solchen Geburt ernähren die Initianden dieses »Leben« und sorgen dafür, bis es selbst sein eigenes Schicksal erfüllt. Für die Menschen, die diese Neuschöpfung ernährt und gepflegt haben, kommt eine Zeit, in der sie dieses Geschöpf loslassen müssen, damit es selbst »weiterleben« kann. Wenn dies nicht geschieht, so wird der Schöpfer am Ende dieses neue Leben wieder in sich zurückabsorbieren – und das heißt, die Liebe zu ersticken. Loslassen ist das Abschneiden der Verbindung, und es gleicht einem Verlust oder sogar einer Art von Todeserlebnis. Menschen durchlaufen diesen Prozeß sehr oft in ihrem Leben.

Das Loslassen bezeichnen wir auch als »Auseinanderschneiden«. Wenn wir an etwas gebunden sind, das bereits stirbt, und mit dem wir eigentlich nicht mehr verbunden sein sollten – ob im inneren oder äußeren Leben – wie etwa an einen anderen Menschen, ein Projekt, eine Situation, eine Pflanze oder ein Tier, so lösen wir langsam diese Bindungen innerhalb der Aura und der Chakren. Das gemeinsame Bewußtsein der feinstofflichen Körper bricht auseinander, und die Energie beginnt zu zerfallen.

Dieser Zerfallsprozeß kann sehr schmerzhaft sein. Wenn wir dazu imstande sind, so sollten wir ihn unterstützen, nicht behindern: Wir sollten ihm mehr Energie zukommen lassen und ihn dadurch beschleunigen.

Menschen, die den Tod gemeistert haben, sind imstande, sich dem Trennungsprozeß zu unterwerfen. Durch diese Unterwerfung wird der Prozeß beschleunigt, bis es schließlich zum Tod oder zur Auflösung kommt.

Im Tod oder der Auflösung reisen wir in die nichtphysischen Reiche: alle Materie und alle Gedankenkomplexe, die an das äußere Leben gebunden sind, werden losgelassen. Dann wird die reine Essenz, das Bewußtsein befreit, um mit der Einheit zu verschmelzen. Wenn wir zu diesem Zeitpunkt noch bei Bewußtsein sind, so können wir uns als Geist zur Ganzheit regenerieren oder gleich zu einem physischen Körper zurückkehren oder uns auf ein höheres Bewußtseinsstadium erheben.

Wesen, die Geburt, Tod und Wiedergeburt gemeistert haben, mußten sich dem Prozeß des Sterbens und Zerfallens stellen und dem Augenblick des Todes unterwerfen. Sei es nun ein physischer, intellektueller, emotionaler, feinstofflicher oder spiritueller Tod – in diesem entscheidenden Augenblick haben wir uns unterworfen. Und in diesem Moment der Unterwerfung verschmelzen wir mit dem Funken der Lebenskraft, die in der ganzen Schöpfung vorhanden ist. Der Willen, mit diesem Funken in Kontakt zu stehen, gleichzeitig aber voll bei Bewußtsein zu bleiben, ist der Schlüssel. Während des Todesprozesses bewußt zu bleiben führt zu Erleuchtungsmöglichkeiten.

Indem wir den Akt des Sterbens selbst meistern (und während dieses ganzen Prozesses bei Bewußtsein bleiben), können wir unser Leben neu erschaffen, sei es auf der physischen oder der psychischen Ebene. Dies nennt man das »Geheimnis der Neugeburt«.

Durch die Meisterung all dieser Prozesse wird das Herz geöffnet. Dadurch erschaffen wir einen kontinuierlichen, ewigen Kontakt mit der Seelenebene, und dadurch öffnet sich auch das Dritte Auge. Durch den

Zugang des Bewußtseins zu Vergangenheit, Gegenwart und Zukunft und durch Auflösung von Karma, das im Dritten Auge gespeichert ist, wird ein Zustand erleuchteten Mitgefühls erreicht. Wir werden zum Sieger in den Einweihungen des Göttinweges. Unser Symbol ist die geflügelte Siegesgöttin Nike. Sie ist Athene – die Weisheit, die durch das weibliche Prinzip erlangt wird –, und sie hat unserem Herzen Schwingen – die verwirklichte Erleuchtung – gebracht.

Kapitel 8: Der spirituelle Weg der Menschheit

Sehen wir uns kurz die grundlegenden Einweihungsschritte und ihre Beziehungen untereinander an. Diese Einweihungsschritte sind bei Männern und Frauen dieselben. Es sind ganz buchstäblich Entwicklungsstadien in der Evolution des menschlichen Bewußtseins, und gleichzeitig auch die Merkmale des weiblichen Einweihungsweges.

Während der *ersten Einweihung* leben Sie Ihr Leben nach dem Diktat Ihrer physischen Bedürfnisse und Wünsche. Dann gelangen Sie an einen Punkt, an dem ein Leben, das ausschließlich diesem Zweck gewidmet ist, keine erfrischende, positive Beziehung zur Wirklichkeit mehr zuläßt. Hier findet das erste »Erwachen« statt, jetzt verstehen Sie den Satz, daß der Mensch nicht »durch das Brot allein lebt«.

Die *zweite Einweihung* bezieht sich auf den Emotionalkörper. Hier leben Sie ein Leben nur aus Ihren Emotionen: Verlangen, Angst und die Urinstinkte dominieren. Die Lösung kommt dann, wenn Sie sich von der Besessenheit durch das Wunsch-Selbst befreien.

Die *dritte Einweihung* findet dann statt, wenn Sie dem Intellekt folgen, und der Intellekt an seine Grenzen stößt. Ein dominierendes drittes Chakra wird nicht zulassen, daß eine nichtphysikalische Wirklichkeit oder Intuition überhaupt existiert. Es wird vielleicht nicht einmal Ihren Emotionen ein Existenzrecht einräumen! Wenn Sie sich voll und ganz dem Intellekt verschrieben haben, dann wird das »Ich denke, also bin ich«-Syndrom zu einem sich selbst bestätigenden Muster, das Ihr Leben bestimmt. In die Tyrannei des Intellektes eingeschlossen, werden Sie durch das rationale Denken bestimmt, das Ihnen sagt, wie die Dinge sein sollten... nur sind sie das leider nicht immer! Wenn Sie die Einweihungskammer des Herzens betreten, so werden Sie eine deutliche Veränderung Ihrer Wirklichkeitswahrnehmung und Wirklichkeitsdeutung bemerken.

Die *vierte Einweihung bezieht sich auf das Herzchakra*. Sie ist die Fähigkeit, aktiv Liebe geben und empfangen zu können. Dies hat auch mit dem Begriff der »Selbst«-Liebe zu tun, und mit dem Zugang zur Liebe des Göttlichen. Die Initiation in das vierte Chakra vom dritten Chakra aus bedeutet, daß Sie eine »weibliche« Einweihung erleben werden. Die Fähigkeit, Liebe im Herzchakra zu empfangen, ist eine weibliche Dynamik. Es ist der Verbindungsweg zum Geist.

In unserer Evolution führen alle Wege zur Einweihung des Herzens. Das ist die Lektion, die uns Christus gegeben hat. Er sagte: »Ich bin der Weg und das Licht!« Er setzte sich für bedingungslose Liebe und die Mobilisierung von Liebe in allen Situationen ein – für alle Menschen und Arten der Existenz. Seine Bewußtseinsform (Erleuchtung durch Liebe), seine Existenzweise (die menschliche) und die Art, wie er seine Göttlichkeit praktizierte (auf gleicher Ebene mit allen Menschen) haben den Weg für die Töchter und Söhne Gottes gebahnt. Er war das Beispiel für menschliche Evolution.

Es ist recht interessant, daß die Beziehung des Herzens zur weiblichen Polarität folgendermaßen geartet ist: Wenn wir lernen, Liebe zu geben und zu empfangen, so lernen wir im Grunde, Mütter zu sein. Eine Mutter muß ihrem Kind Liebe geben. Sie muß sich selbst verschenken, damit ihr Kind lebt. Sie muß auch Nahrung zu sich nehmen. Sie muß empfangen, damit sie weiter geben kann.

Wenn Sie auf dem Weg der weiblichen Einweihung sind (zu dem die göttliche Natur der Menschheit hinführt), so müssen Sie Ihr Selbst auf die Öffnung des Herzens einstimmen. Christus hat gelehrt, daß man die Menschen behandeln sollte, als ob sie Schwestern und Brüder wären. Wenn Sie im Herzen offen sind, so werden Sie automatisch zu einem Empfänger und Spender von Liebe. Das bedeutet, daß das Herz im Reich des Weiblichen funktioniert, obwohl es sowohl die männliche wie auch die weibliche Polarität enthält. *Aber der Zugang zu den höheren Einweihungen muß durch die weibliche Polarität des Herzens beschritten werden.*

Die männliche und weibliche Polarität ist in der Einweihung des vierten Chakras ausbalanciert. Es gibt bestimmte Punkte, an denen sich *Ida* und *Pungala* ganz von selbst auf dem Kundalini-Kanal treffen. Die männlichen und weiblichen Energiekanäle beginnen im ersten Chakra und treffen sich im zweiten, vierten und sechsten Chakra. An diesen Punkten sind sie von Natur aus in vollkommener Balance. Ob das Karma einer Person diese Balance ständig oder nur von Zeit zu Zeit aufrechterhalten kann, ist eine andere Frage.

Die jüngsten Schritte auf dem spirituellen Weg der Menschheit

Das Gruppenkarma der Menschheit hängt bei der dritten Einweihungsstufe fest und versucht, zur vierten und fünften voranzuschreiten. Die Herausforderung der dritten Stufe fand zwischen und während des Ersten und Zweiten Weltkrieges statt. Der ursächliche Konflikt hinter diesen Weltkriegen war eine evolutionäre Herausforderung der intellektuellen Ebene. Die intellektuellen Konzepte, die hier auf die Probe gestellt wurden, lauteten: Alle Menschen haben unabhängig von Rasse, Farbe oder Religion das Recht auf Existenz. Kein Land, kein politisches Mandat, kein philosophisches Ideal oder Glaubenssystem kann existieren, das den Tod oder die Vernichtung irgendeiner anderen Gruppe verursacht.

Der Zweite Weltkrieg wurde um die Idee ausgefochten, daß »alle Menschen gleich geschaffen sind«. Sie werden bemerken, daß zwei der Kulturen, die den Zweiten Weltkrieg in Gang setzten, Vorstellungen von einer Herrenrasse hatten. Die Japaner glaubten an das göttliche Recht der Könige, und die Naziphilosophie behauptete das göttliche Recht der teutonischen Rasse. Diese Theorie mußte zerstört werden. Die westliche Welt kam zusammen und kämpfte gegen die Verbreitung dieses falschen Glaubenssystems.

Auch heute noch werden Kriege wegen eben dieser Prinzipien geführt. In diesen Kriegen kämpfen Menschen, die die Lektion des Zweiten Weltkrieges nicht unmittelbar erleben mußten. Wenn die Menschheit überleben will, wenn sich planetarisches Bewußtsein entwickeln soll, so müssen die spirituellen Prinzipien des Lebens (Freiheit, Gleichheit, Nahrung, Gesundheit, Gerechtigkeit und Sicherheit) in allen möglichen moralisch verpflichtenden Institutionen aufscheinen. Und wer dies dann nicht akzeptiert, wird tief in Kampf und Krieg versinken.

Der Zweite Weltkrieg war ein Kampf zwischen maskulinen und femininen Werten. Drei mächtige Kriegerkulturen waren auf maskuline Werte gegründet: die römisch-faschistische, die deutsche und die japanische. Interessanterweise haben sie sich gegen die Mächte der femininen Werte verbündet: England, Rußland und Amerika. Die Demokratie ist ihrem Wesen nach eine weibliche Energie, eine Stimme für alle. Es ist der Wille der Mehrheit, nicht der Wille eines Einzigen, und das entspricht dem weiblichen System. Obwohl die russische Regierung ursprünglich auf kommunalem, sozialistischem Denken basierte (was der Theorie nach eine weibliche Regierungsform ist), wurde sie in ein totalitäres (oder maskulines) System verkehrt. In der letzten Zeit kehrt es jedoch wieder zum weiblichen System zurück.

Der Zweite Weltkrieg war ein Kampf zwischen diesen beiden Systemen, und der Ausgang war bereits vorbestimmt. Nach dem Fall von Atlantis war das maskuline System auf der Erde vonnöten, damit das Bewußtsein durch die Kraft der zentralen Autoritäten schnell vereint und aktiviert wurde. Dieses Organisationssystem erreichte seinen Gipfel und begann nun andere Systeme zu fressen. Die patriarchale Vorherrschaft ist bereits auf das weibliche System übergegangen, und zwar aufgrund der evolutionären Bedürfnisse des Planeten. Diese Veränderung war und ist vorhersagbar.

Der Kampf zwischen den maskulinen und femininen Systemen wird gegenwärtig auch durch Religions- und Rassen-Kriege manifestiert, und zwar in Ländern, die am Zweiten Weltkrieg nicht wirklich teilnahmen. Dieses Ausbalancieren des maskulinen Systems – das seine Macht nicht so leicht, und schon gar nicht freiwillig aufgibt – mit dem weiblichen System – dem göttlichen Recht aller Menschen auf ein Leben in Würde, Gesundheit und Fülle – wird Hunderte von Jahren dauern. Viele Leben werden gelebt werden, bis das erreicht ist. Und dennoch ist dies die unausweichliche Richtung unserer irdischen Evolution und unserer menschlichen Ideale.

Und die Frau ist die physische Darstellung dieses Ideals. Wenn eine Frau vier Kinder hat, so wird sie nicht eines davon vorziehen. Instinktiv hat sie eine demokratische Sicht des gesamten Lebens. Und das ist die Idee, der Inbegriff der weiblichen Energien. Das Weibliche besteht darin, alles zu fördern und zu unterstützen: pflegen, nähren, neugebären und die Neugeburt in zukünftigen Zeiten sichern.

Die gegenwärtigen Kämpfe auf unserem Planeten sind Todeskämpfe. Genau die Kulturen, die sich um eine zentrale patriarchale Persönlichkeit drehen, kämpfen jetzt um Leben und Tod (denken Sie daran, daß das Maskuline die Handlung in der äußeren Welt darstellt!)

Der Fundamentalismus (Ideen, die eine einzelne autoritäre Zentralfigur oder ein Ensemble von Regeln verfechten) ist im Konflikt mit der Demokratie. Die Hoffnung der Welt und ihrer Zukunft ruht in jenen Ländern, die den Zweiten Weltkrieg erlebt haben. Sie müssen sich in diesen kleineren Kriegen engagieren, weil der Übergang noch nicht vollendet ist. Das weibliche System wird triumphieren. Und dabei wird sich das Gewebe von vielen Kulturen auflösen; viele Kulturen werden aussterben. Vielleicht ist es karmisch so schwierig, das menschliche Bewußtsein zu verändern, daß viele Menschen einfach nicht überleben werden. Deshalb wird es zu einem massenhaften Sterben von Menschen kommen, die sich nicht schnell genug entwickeln können.

Das weibliche System wird sich durchsetzen und solange die Vorherrschaft übernehmen, bis sich ein Gleichgewicht zwischen den beiden Systemen einstellt. Es wird eine Zeit der Entgiftung, Reinigung und Klärung sein. Die Hindus nennen dies das Kali Yuga. Wenn Sie die Geheime Offenbarung des Johannes in der Bibel lesen, so bezieht sie sich genau auf diese Reinigung, die dort als Ende der Welt bezeichnet wird. Es ist das Ende der Vorherrschaft des Männlichen und ein Übergang zur Balance der männlichen und weiblichen Kräfte. Das feminine System ist das Königreich Gottes auf Erden.

Aber es wird Zerstörung, Tod und Entgiftung einer Welt geben, die sich nicht zu dieser neuen Art des Denkens und Bewußtseins hinentwickeln kann. Sehr viel von der Negativität der Geheimen Offenbarung ist nur die Vision von einem sich ändernden System – es ist die Reibung der Veränderung.

Karmisch gesehen gibt es im Grunde nur zwei Forderungen an die Menschheit: Erstens, daß die Tyrannei des Intellekts (die falschen Begriffe) durch die Weisheit des Herzens gebrochen wird und – zweitens – der Begriff des »offenen Herzens«. Unsere globale Herausforderung liegt in der bitteren Wirklichkeit dieser Erde: Armut, Hunger, Krankheit, Heimatlosigkeit, Folter und Unterdrückung von Freiheit. Es ist erschreckend, wie sehr Menschen unter all diesen Dingen leiden, während es doch eine solche Fülle auf unserem Planeten gibt. Die Wahrheit dringt langsam in das Gewissen der Welt ein. Und ihre Lösung ist die Prüfung des Herzchakras. Das Ego (das im Intellekt verankert ist) muß sterben, damit wir in die vierte Einweihungsstufe eintreten können – die Einweihung des »offenen Herzens«.

Viele Seher haben ökonomische Umwälzungen und die Möglichkeit einer weltweiten Depression vorhergesagt. Warum? Es ist das Gesetz des Karma, daß ökonomische Prioritäten verändert werden, denn nur so können wir wieder miteinander teilen. Genau darum geht es bei Depressionen und ökonomischen Zusammenbrüchen: sie sind die großen Gleichmacher. Der große weltweite Zusammenbruch der Ökonomie ist weder vermeidbar noch unausweichlich. Früher oder später wird unser Planet keine Grenzen mehr haben, wir werden ein Volk sein. Es wird kulturelle Unterschiede geben, gleichzeitig aber einen globalen Standard der Ethik und der Werte.

Das Foltern und Töten von Menschen um irgendwelcher Ideen willen wird schließlich und endlich verschwinden. Aber wir müssen jetzt und auf dem ganzen Planeten damit beginnen, diese Arten der Repression zu beenden. Im Zweiten Weltkrieg sind Menschen für Ideen gestorben. Im nächsten Einweihungsschritt muß niemand für irgendeine Idee sterben. Genau darum geht es bei der Umerziehung für das New Age.

Im Sinne der Evolution der Menschheit kämpfen wir, um von der dritten Einweihungsstufe zur vierten zu gelangen. Die meisten Menschen kämpfen noch immer mit der dritten Einweihung auf der Ebene des Solar Plexus. Die amerikanischen Kinder der sechziger Jahre hatten eine Vision, die aus dem Herzchakra stammte. Nun werden sie in ihrem eigenen Herzchakra geprüft, und zwar im Bereich ihrer persönlichen Beziehungen. Die Erde durchläuft jetzt gerade selbst den vierten Einweihungsschritt.

Genau genommen können wir diesen Wandlungsprozeß nicht als Einweihung bezeichnen – wir erleben nur eine Prüfung innerhalb der Einweihung. Erst, wenn wir diese Herausforderung gemeistert haben, können wir uns als »eingeweiht« betrachten. Wenn wir uns in der dritten Einweihungsphase befinden, so haben wir die Einweihung noch nicht ganz vollzogen, sondern wir unterziehen uns gerade erst dem Prozeß der dritten Ebene. Wenn wir ihn dann beendet haben, können wir zu den Herausforderungen der vierten Ebene weiterschreiten. Einweihungen sind Eingangspforten: der Zutritt zu einer Evolutionsphase.

Die fünfte Einweihung – die Zukunft der Menschheit

Der große Mythos des »New Age« ist die Vorstellung, daß Menschen die Erde zu jeder beliebigen Zeit verlassen können: daß sie vom Rad der Wiedergeburt aussteigen können, um niemals wiederzukehren. Natürlich können Menschen, wenn sie wie Christus ihr Herz öffnen, das Königreich des Himmels im Herzen empfangen und vom Rad der Wiedergeburt befreit werden. Aber ihr Herz muß voll und ganz befreit sein, und ihr Karma muß eingelöst sein.

In der fünften Einweihungsstufe wird das erleuchtete Bewußtsein wieder zurück zur physischen Wirklichkeit der Erde gebracht. Wir nehmen die Weisheit, die wir durch die Prüfungen des Herzens gelernt haben und wenden sie an. Wir legen unsere ganze angesammelte Weisheit in die irdische Dimension. Wenn wir bedeutsame Beiträge geleistet haben, werden wir von dem »Ring-Pass-Not« befreit werden. Dies ist die physische Grenze der Biosphäre unseres Planeten, die Aura der Erde. Sie kann erst überschritten werden, wenn eine Seele eine bestimmte evolutionäre Schwingung erreicht hat. Ist diese Schwingung erlangt, so können wir durch diese Ebene wandern und sind nicht mehr gezwungen, uns zu reinkarnieren. Wenn wir als Bodhisattva oder Buddha erleuchtet worden sind, so können wir den »Ring-Pass-Not« überschreiten und nicht wiederkehren. Wir sind von der menschlichen Form und dem »Rad der Wiedergeburt« befreit.

Die fünfte Einweihungsstufe zentriert sich um das Kehlchakra und die Fähigkeit, Klang zu erzeugen – durch die Stimme, durch Kommunikation, das Aussprechen innerer Wahrheiten und die Kunst des Channelns. Menschen, die Inhalte aus den höheren Ebenen channeln, Menschen also, die lehren, singen, als Schauspieler auftreten oder Reden halten, nehmen an der fünften Einweihung teil. Die Herausforderung ist doppelt:

1. sich zu öffnen und auszudrücken,
2. den Inhalt dieses Ausdrucks zu bestimmen. Die fünfte Initiation ist die Kraft der Kreativität und Manifestation, sei es zum Guten oder zum Bösen.

Während dieser fünften Initiationsphase wird die menschliche und spirituelle Ethik geprüft. Es ist die letztendliche Reflexion dessen, was wir in unserem Herzen tragen. Jenseits der fünften Ebene beginnen wir uns auf die höheren, nichtphysischen Reiche der Existenz zu beziehen.

Worin besteht die fünfte Einweihungsstufe? Wir nehmen das Mitgefühl, die Weisheit und die Erleuchtung aus den ersten vier Chakren und richten nun dieses spirituell erleuchtete Bewußtsein zurück auf die irdische Ebene, auf die Menschheit und alle weniger entwickelten Reiche der Natur. Wir speisen diese Energie in die Erde ein, um Gaia wieder heilig werden zu lassen.

In der fünften Initiation öffnen wir uns für die Fähigkeit, mit der Welt der Devas in Kontakt zu treten. Das Reich der Devas besteht in der beseelenden Intelligenz, die auf allen Ebenen der Existenz vorkommt. Es sind die Geister von Feuer, Wasser, Erde, Luft und höherem Bewußtsein. In der Tradition leben in diesem Reich die Elfen, Feen, Gnomen, Sylphen und alle Arten von »kleinen Leuten«, und auch die Kachinas, die Geister der vier Himmelsrichtungen, wie auch die Elementargeister der Natur und der astralen Ebene. Wenn wir die Erleuchtung der ersten vier Chakren aktivieren und manifestieren, so können wir sogar die atomare Struktur der Erde verändern. Wir erleben jetzt eine ökologische und geophysikalische Krise und können in dieser Situation keinen mehr über die äußere Grenze der Biosphäre entschwinden lassen. Wir brauchen Menschen, die die fünfte Initiationsstufe beschritten haben, um die Erde zu heilen, damit sie nicht explodiert.

Hier können uns die Devas behilflich sein, obwohl ihre Evolutionsmuster ganz anders sind als die unsrigen. Die Menschen haben bereits die Grenze überschritten und sind ohne es zu wissen zu einem gefährlichen Virus in der Deva-Welt geworden. Die Menschen sind das Problem der Deva-Welt – mit all ihren Chemikalien, ihrer Atomenergie und ihrer biochemischen und elektromagnetischen Umweltverschmutzung. Wir haben ihre Welt verschmutzt. Sie selbst müssen sich nun an die Arbeit machen, aber die Zeit ist knapp!

Wenn ein Mensch die fünfte Einweihungsstufe vollendet hat, so kommen Devas, Engel und Elementargeister zusammen und beginnen mit ihm zu kooperieren. Bis zur fünften Stufe läuft der menschliche Einweihungsweg getrennt. Aber wenn jemand diese fünfte Stufe gemeistert hat, so kann er mit allen Welten und ihren Bewohnern zusammenarbeiten. Das sind die Welten der Tiere, der Pflanzen, der Mineralien, der Devas, der Elementargeister und der Engel. Und dazu kommen noch die Reiche des Ätherischen, Astralen, Mentalen und Buddhischen Bewußtseins. Eingeweihte dieser fünften Stufe sind sehr mächtig, da sie die Fähigkeit haben, ihren eigenen Raum zusammen mit Devas und Elementargeistern zu gestalten. Diese Fähigkeit kann nur durch harte Arbeit erlangt werden. *Auf der fünften Einweihungsstufe durchdringen sich alle Wesen.*

Kapitel 9: Die innere Dunkelheit umarmen – Das Dritte Auge öffnen

Die sechste Einweihungsstufe, die die Menschheit vollziehen muß, ist die »Öffnung des Dritten Auges«, manchmal auch als Ajna-Zentrum oder sechstes Chakra bezeichnet. Es liegt über der Linie der Augenbrauen unmittelbar über der Nase in der Mitte der Stirn. Das Dritte Auge wird oftmals fälschlich als Zentrum des Übersinnlichen bezeichnet. In Wirklichkeit befaßt es sich mit unserer Funktionsweise in der Zeit. Es ist auch ein elektromagnetischer Zugang zu all den Reichen der höheren nichtphysischen Dimensionen. Wenn das Dritte Auge funktioniert, dann haben Menschen die Fähigkeit, sich mit der Vergangenheit, Gegenwart und Zukunft zu verbinden. Sie können auch die Reiche des Astralen, Mentalen, Buddhischen und die der Monaden betreten. Das Dritte Auge ist für gewisse Funktionen des Gehirns und verschiedene veränderte Bewußtseinszustände und Wahrnehmungen der nichtphysischen Wirklichkeit zuständig.

Die Funktion der Hypophyse reguliert das Zeitgefühl auf der physischen Ebene. Ungefähr in der Mitte der Stirn gelegen, reguliert sie auch Wachstum und Hormonflüsse. Die Hormone beeinflussen die Freisetzung von Lebenskraft. Wenn die Hypophyse für übersinnliche Welten erweckt ist, so wird sie einen Strom von Elementen der Lebenskraft herstellen und dosieren, die der Zirbeldrüse sagen, daß sie mehr Lichtbewußtsein in sich aufnehmen soll oder mehr Licht abgeben soll.

Die Zirbeldrüse, die in der Mitte des Kopfes sitzt,

reguliert die Lichtmenge, die in das ganze System aufgenommen wird, und die Hypophyse bestimmt die Art, wie dieses Licht verwendet wird. Die Zirbeldrüse verarbeitet elektrische Energie, und die Hypophyse nimmt die elektrische Energie und übersetzt sie in magnetische Ströme. Die Verwandlung von elektrischer in magnetische Energie ist die wichtigste Funktion der Hypophyse. Sie verwandelt die elektrische Energie in chemische Impulse (Hormone), die in die physischen Organe wandern, um dort die Lebenskraft der Kundalini-Energie zu erzeugen.

Das Dritte Auge (das sechste Chakra) arbeitet pausenlos. Aber es gibt Zeiten, in denen es auf besondere Weise für die Entwicklung der biologischen und der mystischen Kräfte gebraucht wird. Während der Pubertät und zwischen dem zweiundvierzigsten und dem neunundvierzigsten Lebensjahr dominiert das sechste Chakra. In der Pubertät liefert dieses Chakra Botschaften, um die karmische und sexuelle Identität zu aktivieren. Auf diese Weise werden die Heranwachsenden biologisch zur Individuation veranlaßt und können eine »neue« Zukunft erschaffen.

Nach dem zweiundvierzigsten Lebensjahr wendet sich das Dritte Auge nach innen, um das gegenwärtige Leben zu betrachten und zu bewerten. Es liefert nicht nur eine Analyse des gegenwärtigen Lebens, sondern blickt auch in die Vergangenheit und in die Zukunft, um eine Vision von der Entwicklung der Seele zu gewinnen. Wenn sich das Dritte Auge nach innen kehrt, so können wir in die vergangenen Leben der Seele blicken. Wir können diese Fähigkeit verwenden, um Informationen aufzuspüren, die unserem Bewußtsein sonst vielleicht verborgen bleiben würden. Deshalb charakterisieren wir das Dritte Auge oftmals als das Zentrum des Übersinnlichen, weil wir dadurch einen Zugang zu Informationen gewinnen, die uns in der physischen Wirklichkeit normalerweise nicht so einfach zur Verfügung stehen.

Aber das Dritte Auge ist viel mehr als nur ein Zentrum des Übersinnlichen. Es kann auch verwendet werden, um das innere Selbst zu beobachten und telepathischen Kontakt mit anderen Wesen aufzunehmen. Wenn wir mit unserer eigenen Seele kommunizieren, so kommunizieren wir mit unserer ewigen Essenz. Wir entdecken die Fähigkeit, den ganzen Weg auf dem Zeitkontinuum zurückzureisen, bis zum Ursprung der Zeit oder vielleicht auch bis zum Ende der Zeit! Das Verlangen, mit unserem Geist in Kontakt zu treten, entspringt aus dem Bedürfnis, uns mit Gott zu verbinden. Um diese göttliche Essenz zu erreichen, müssen wir »aus der Zeit heraustreten«, aber das zur »richtigen Zeit«.

Das Dritte Auge und die Weibliche Einweihung

Im weiblichen Initiationsprozeß gibt es einen zweiten Zyklus, in dem die Initianden in die »Dunkelheit« gebracht werden. Das ist eine Zeit, in der es keine Ablenkung für das Gehirn oder den Intellekt gibt. Dies erlaubt dem inneren Dritten Auge des Selbst in Funktion zu treten. Es wird zu einer Filmleinwand, auf die alle Gedanken und Gefühle projiziert werden. Diese zweite Phase im »Dunkelheitstraining« wird ausschließlich einer tieferen Ebene von »inneren Konflikten« bei fortgeschritteneren Initianden gewidmet.

Im alten Griechenland gingen die Initianden zum ersten Mal zwischen dem vierzehnten und dem einundzwanzigsten Lebensjahr in die Dunkelheit. Man könnte nun fragen »Was kann man schon zwischen 14 und 21 lernen? Wie sollen Heranwachsende ihre ersten vierzehn Jahre der Erde beurteilen?« Wir haben unser vergangenes Leben betrachtet, weil die frühen physischen Jahre dieser Inkarnation die einzige Widerspiegelung des elterlichen Karmas sind. In der Dunkelheits-Einweihung wurde die Weisheit und das Wissen darüber enthüllt, wer und was wir in unseren früheren Lebenszeiten waren, und weshalb wir unsere gegenwärtigen Eltern ausgewählt haben. Ganz gleich, was für ein Leben die Einzuweihenden vor dem Eintritt in den Tempel hatten – ob sie verheiratet waren oder beruflich arbeiteten, ob sie fern der Familie oder in Krankheit lebten –, alles das wurde im einzelnen betrachtet.

Wenn wir die Fähigkeit haben, die Identität unserer Seele zu entdecken, so können wir einen Anspruch auf Eigenpersönlichkeit erheben, und dies ist ein Gefühl vom eigenen Selbst, das sich über viele Lebenszeiten erstreckt. Wenn wir dieses Wissen haben, so kann uns niemand unsere Selbstachtung oder unsere Identität nehmen, ganz gleichgültig, was die äußeren Umstände diktieren.

Als wir an den Einweihungsmysterien teilnahmen, hatten wir kaum jemals eine Identitätskrise, weil wir wußten, woher wir kamen und wohin wir gingen. Diese Einsicht erleichterte den Druck, der darin bestand, daß wir hinausgehen und uns bewähren mußten. Die Initianden brauchten nicht zu entdecken, wer sie waren, noch mußten sie irgendeine andere Identität vorschützen. Das ließ Ärger und Frustration gar nicht erst aufkommen, denn sie hatten ja ihre Identität. Darauf also konnte man die Energie der Heranwachsenden richten.

Als der Gedächtnisspeicher der Seele geöffnet wurde, entdeckten einige das wahre Selbst und beschlossen, daß sie das Tempelleben nicht mochten. Vielleicht sagte die Totalität ihres Wesens, daß sie schon einmal gute SeherInnen oder Medien waren, und sie sagten.»In diesem Leben will ich es nicht... Ich bin es müde. Es reizt mich nicht.« Wir berieten sie und erlaubten ihnen, aus dem Programm auszusteigen, wenn sie es wünschten. Diese Menschen gingen weg, lebten ihr Leben und taten, was sie zu tun hatten. Aber meistens kamen sie um das zweiundvierzigste Jahr wieder zurück, in jenem Lebensalter, in dem sich die Phase des Dritten Auges wiederholt.

Denken Sie bitte daran, daß in der damaligen Zeit ein Lebensalter von zweiundvierzig Jahren einem Alter von fünfundsechzig entsprach, dem Pensionsalter! Wenn diese Menschen zurückkehrten, so sagten sie oft: »Ich betrachte jetzt mein Leben, und ich stelle fest, daß es genau das ist, was ich jetzt tun möchte!« Und das war vollkommen in Ordnung. In den Mysterienschulen kamen oft Menschen verschiedenen Alters zum Tempel zurück, um Teile ihrer Persönlichkeit aufzuspüren und innere Aspekte ihrer selbst zu integrieren.

Bei dieser zweiten Umarmung der inneren Dunkelheit entdecken wir soviel über uns selbst. Wir entdecken, wie das Universum funktioniert. Wenn wir diesen Schlüssel haben – wie wir unser Leben erschaffen und neu erschaffen –, so haben wir wirklich ein Geschenk der Kraft und einen Schlüssel zur Freiheit. Wir können damit beginnen, in unsere Dunkelheit einzutreten und die Schattenseite zu umarmen, all diese kleinen negativen oder gar schrecklichen Dinge an uns. Wir können sie integrieren, und sie werden uns nicht umbringen, sondern erfrischen. Wir werden bemerken, daß das Dritte Auge zu einem vertrauenswürdigen Freund wird, oder auch zu einem vertrauten Zugang zu jeder beliebigen Einsicht, Erinnerung oder gar Inkarnation, zu der wir zurückkehren müssen, um Information aufzuspüren.

Während dieser Zeit zwischen 42 und 49 entdecken die meisten Menschen, die nicht den Weg karmischer Befreiung eingeschlagen haben, Aspekte ihres Lebens, über die sie sehr unglücklich sind. Das beginnt mit den Vorzeichen von Tod und Zerfall, denn im Unterbewußten möchte die Seele in einem neuen Leben noch einmal ganz von vorne beginnen. Vielleicht versuchen sie auch, radikale Veränderungen anzustellen, um sich irgendeine Art von Befriedigung in diesem Leben zu geben. Sie brauchen irgendeinen tieferen Sinn, um glauben zu können, daß dieses Leben nicht umsonst gelebt worden ist. Während dieser Jahre kommt es zu tiefen Gedanken und Verwandlungen.

Damals in Griechenland öffneten wir bei den weiblichen Einweihungen das Dritte Auge, indem wir den Initianden bewußtseinsverändernde Kräuter und Tinkturen verabreichten. Wir taten dies, um sie von Problemen zu befreien, die nur in ihrem Intellekt waren, nicht jedoch, um damit das Dritte Auge zu öffnen. Primitive Chemie sollte sie von Gedankenformen befreien und psychologisch balancieren. Die Verwendung von bewußtseinsverändernden Drogen war in der Antike äußerst genau reguliert und bewacht. Sie wurden nur zu Zwecken der Heilung, der Zeremonien und der Rituale eingesetzt – ganz im Gegensatz zu den Gepflogenheiten der heutigen Zeit.

Wenn wir der Meinung waren, daß das Dritte Auge für die Öffnung bereit war, unterwarfen wir die Initianden einer extrakorporellen Erfahrung, die allerdings sehr sanft und wohltuend war. Als erstes erlebten sie sich nur im Traum »außerhalb ihres Körpers«. Das war ein Stadium, das von allen Schülern gemeistert werden mußte. Dann durften sie in einen meditativen Zustand eintreten und sich über ihren Körpern schwebend erleben. Dazu mußten sie lange meditieren, bis sie wahrnehmen konnten, daß sie direkt über ihren Körpern schwebten. Drittens geschah dasselbe dann auch im Zustand eines »Rituals«: Die Initianden wurden längere Zeit alleingelassen (meistens sieben Tage), um »außerhalb des Körpers« die verschiedenen kosmischen Dimensionen und Ebenen zu erforschen.

In allen drei Fällen konnten die Schüler ihre Gegenwart in einer nichtalltäglichen Wirklichkeit erfahren, die unabhängig von ihrer eigenen Wahrnehmung vorhanden war. Danach waren sie reif für die Öffnung des Dritten Auges. Wenn es zu schnell geöffnet wurde, so konnte dies zum Wahnsinn führen. Die Schüler wären dann mit so vielen Visionen, Einsichten und Gefühlen aus all ihren Inkarnationen einschließlich der gegenwärtigen überschwemmt worden, daß sie dadurch sehr verwirrt und desorientiert geworden wären.

Zuerst kam also eine sanfte Öffnung mit Hilfe der Kräutertinktur, dann eine extrakorporelle Erfahrung. Dann gab ein sehr mächtiger Eingeweihter den Neophyten die Shakti, die höchste Form von Erleuchtung durch die Kundalini-Energie. Durch eine physische Stimulierung des Dritten Auges lief ein Energiestrahl (Shakti) am Rückgrat hinab, der die Kundalini-Energie sowohl im Dritten Auge wie auch in den unteren Chakren-Zentren erweckte. Dadurch wurde der Kanal, der am Rückgrat verlief, auf Dauer geöffnet und aktiviert. Mit diesem geöffneten Kanal mußten sich die Neophyten dann einer jeden Erfahrung aussetzen, die bei ihnen auftauchte. Natürlich hatten wir geschulte Berater, die ihnen halfen, wenn ihnen die Visionen und die überwältigende Selbsterkenntnis zu Bewußtsein kamen. Die Shakti wurde in der »dunklen Phase« verliehen, so hatten die Neophyten also einige Jahre, um diese Erfahrung einzuordnen. Wenn die Initianden Intellekt und Seele öffnen, so kommen alle ihre Ungleichgewichte zur Oberfläche des Bewußtseins, und sie agieren sie auch aus. An diesem Punkt konnten wir sehen, welche von den Initianden diese Energiemenge und Selbsterkenntnis verkraften und damit arbeiten konnten, und welche durch diese Energie gleichsam gespalten wurden.

Einige von ihnen konnten diese Einweihung intellektuell oder emotional nicht überleben – sie glitten über die Grenze zum Wahnsinn. Wenn das in einer Einweihung geschah, so nahmen wir uns natürlich dieser Fälle an. Wenn sie krank oder behindert wurden, so übernahmen wir die Verantwortung, sie zu heilen. Schließlich hatten sie ja auch viel Mut bewiesen, als sie versuchten, durch ihre Dunkelheit hindurchzugehen und auf der anderen Seite wieder hervorzukommen. Wenn sie damit aufgrund eines Charakterfehlers oder einer inneren Schwäche keinen Erfolg hatten, sorgten wir trotzdem für sie. Wir hatten immer eine Reihe von Leuten, die von »göttlichem Wahnsinn« befallen waren. Deshalb gibt es noch heute die Geschichten über Wahnsinnige, die in den geheiligten Tempelbezirken lebten. Wer von »göttlichem Wahnsinn« geschlagen ist, ist meist ein sehr guter Prophet. (Allerdings oftmals ein Weltuntergangsprophet, deshalb erlaubten wir ihnen nicht sehr oft, Prophezeiungen auszusprechen!)

Zur Zeit des Hippokrates wurden im Tempel des Asklepios Traumheilungen durchgeführt. Durch Träume konnte man die gesunden Teile von gestörten Menschen erreichen. Sehr oft konnten wir sie leichter durch den Traumzustand heilen, als wenn wir mit ihnen auf der physischen Ebene arbeiteten.

Wenn sich das Dritte Auge oder sechste Chakra öffnet, so können Menschen sich in den Korridoren der Zeit verlieren! Sie können durch die Geschichten überwältigt werden, die in ihrem Bewußtsein ausagiert werden. Die Schizophrenen unserer Tage sind Menschen, die spirituell geöffnet wurden, bevor sie dafür reif waren. Viele Geisteskranke, die heute eingesperrt werden, haben dieses Problem. Sie wurden geöffnet und konnten ihr

Bewußtsein nicht mehr integrieren. Und wenn sie dann versuchen, zur Gesundheit zurückzukehren, so sammeln sie die Stücke einer zerbrochenen Schale, die sich aber nicht mehr zusammenfügen lassen.

Das Dritte Auge hat viel mit sexueller Anziehung zu tun. Wir richten unsere Wünsche und Bedürfnisse, wie auch die Totalität unseres Seins, durch dieses Dritte Auge auf die Welt. Wir finden, daß das Dritte Auge auch bei schauspielerischen Aufführungen und bei der Verbreitung von Ideen dabei ist. Darüber hinaus ist es auch ein Schlüssel zu bestimmten panischen und hocherregten Zuständen.

Manche Menschen, die sich zur Öffnung des Dritten Auges entschlossen haben, taten dies nicht um der Macht oder des Ruhmes willen, sondern weil sie es mußten, um zu überleben und zu entdecken, wer sie auf der spirituellen Ebene wirklich waren. Sie mußten sich aus irgendeinem schwächenden Karma erholen.

Wir sehen auch, daß gewisse Medien ihre Identität ganz buchstäblich von ihren übersinnlichen Projektionen nehmen. Und wenn dann das alltägliche Leben zwischen sie und ihre Projektionen gerät, bekommen sie Probleme. Medien verwenden oftmals ihre ganze Energie darauf, die Projektion am Laufen zu halten und haben keine Grundlage für ihr eigenes individuelles Sein.

Aber diese Medien und Heiler werden meist sehr schnell hinweggeschwemmt. Sie überleben die Energien und Ströme der Erde nicht, weil sie nicht wissen, wie sie sich in der physischen Wirklichkeit verankern sollen. Wenn sie dies nicht können und die alltägliche Wirklichkeit durch ihr Chakrensystem zu kontrollieren suchen, dann wird ihnen das Leben Überraschungen bereiten, und vielleicht werden sie nicht überleben.

Medien und Seher, die das erste Chakra offen halten

und gleichzeitig auch eine Verbindung zum Dritten Auge herstellen können, werden bemerken, daß sie auf diese Weise mehr in Balance kommen. Deshalb ist es für Medien und ganz allgemein für Personen mit einem geöffneten Dritten Auge so wichtig, tägliche Körperübungen zu vollziehen und eine echte Beziehung zu ihrem physischen Körper aufzubauen. Wenn sie dies verlieren, so beginnen sie, ihre geistige Gesundheit zu verlieren. Sie werden zu Satellitenschüsseln, die andauernd nur Signale aufnehmen!

Die Einweihungszeremonie des Dritten Auges

Ich möchte noch etwas erwähnen, was ich für sehr wichtig halte: die Einweihungszeremonie für die Öffnung des Dritten Auges. Viele Menschen versuchen gegenwärtig, das Dritte Auge zu öffnen. Aber wenn wir diesen Zugang einmal geöffnet haben, so können wir ihn nicht mehr schließen. Die Menschen der Antike wußten das, und deshalb veranstalteten sie zu diesem Anlaß eine große Zeremonie. Für sie war dies ein ganz wichtiger und ernster Schritt.

Wenn die Tür einmal geöffnet ist, so schwingt sie nach beiden Seiten. Es ist gar nicht so leicht zu verkraften, wenn diese »Tür« so plötzlich vorhanden ist. Nur durch die Gnade Gottes können wir lernen, die Empfangssatelliten einzuschalten *und* wieder auszuschalten. Deshalb finden wir so viele Fälle von Verrücktheit, Ungleichgewicht oder sogar Betrug bei so vielen religiösen Führern (auch Führern der New-Age-Bewegung).

Wenn Sie das Dritte Auge öffnen, so ist das, als ob sie einen Fernsehapparat ohne einen Programmwahlknopf anschalten. Es gibt nur sehr wenige Möglichkeiten der Kontrolle, es sei denn, wir sind strengstens geschult. Es ist unklug, das Dritte Auge öffnen zu wollen, ohne einen Lehrer zu haben, der unseren Fortschritt beobachten und lenken kann. Die intellektuellen und emotionalen Gefahren dabei sollten wirklich ernstgenommen werden.

Die Evolution erfordert jedoch, daß das Dritte Auge schließlich doch geöffnet wird. Dadurch können die karmischen und spirituellen Bedürfnisse der Initianden sehr schnell erkannt und bearbeitet werden. In den letzten paar Jahren haben sich die Veränderungen, die das Universum durchströmen, versieben- bis verzehnfacht. Was wir normalerweise in einer Woche erlernen konnten, müssen wir nun in einem Tag verstehen. Für die menschliche Psyche ist das schon hart. Sie wurde ja nicht als Verarbeitungseinheit für soviel Information geschaffen. Das Dritte Auge ist das übersinnliche Zentrum der Evolution. Es kann auch bestimmen, wie »schnell« wir uns Veränderungen unterziehen.

In der menschlichen Evolution gibt es eine Notwendigkeit, das Bewußtsein schnell zu erweitern. Es wird für die Menschen sehr schwer werden, ihre Physiologie zu verändern, um all die Veränderungen zu integrieren, die von der Psyche durch den Körper fließen, und adäquat auf sie zu reagieren. Es wird sehr viel Krankheit und Tod geben, weil manche Menschen dieser schnellen Evolution einfach körperlich nicht folgen können. Selbst Anhänger der New-Age-Bewegung sind vielleicht nicht imstande, sich physisch mit diesem ungeheuren Bewußtseinswachstum auseinanderzusetzen, ganz abgesehen von der komplexen Differenzierung zwischen der physischen, intellektuellen, emotionalen und spirituellen Ebene des Menschseins.

Kapitel 10: Der größere Einweihungszyklus: Solare und Lunare Einweihungen

Der letzte Einweihungszyklus betrifft den ganzen Planeten und die gesamte Menschheit. In der Antike wurde diese Erleuchtungsstufe als die »Größeren Mysterien« bezeichnet. Die Energien, die diesen Schritt veranlassen, sind Sonne und Mond. Ihr Einfluß auf unsere Psyche und unser Bewußtsein ist ungeheuer. Historiker, Philosophen und Weise fanden immer beredte Worte für diese Himmelskörper, und sie haben auch oft darüber geschrieben, wie schwierig es ist, das lunare mit dem solaren Wesen zu vereinen. Was bedeutet das nun genau?

Das lunare Sein wird durch den Mond symbolisiert. Er erscheint am Nachthimmel und stellt die Macht über das Wasser dar. Wasser symbolisiert Gefühle. Der Mond reguliert die Gefühle, die Dunkelheit, die Nacht, alles, was dem Bewußtsein verborgen ist. In der physischen Wirklichkeit übt der Mond eine Schwerkraftwirkung aus, die den Gezeitenrhythmus des Wassers verursacht – ganz gleich, ob es das Wasser von Ozeanen, Seen, Flüssen oder auch das Wasser in unserem Körper ist. Wenn wir sagen, daß irgend etwas mondhaft ist, so sprechen wir über seine innere Essenz als Schattenseite, als die Seite, die von den physischen Sinnen nicht wahrgenommen wird.

Die solare Essenz dagegen hat mit der Macht der Sonne zu tun, die den Tag beherrscht. Die Sonne erzeugt Wachstum und Photosynthese; und sie »bringt alles ans Tageslicht«. Die solare Essenz lenkt Aktivität und Aktion und alles, was nach außen gerichtet und offensichtlich ist. Darin liegt auch eine große Kraft, denn ohne die Sonne kann nichts wachsen. Ohne die Sonne gibt es keine Aktivität auf der äußeren physischen Ebene. Wenn wir also über die solaren Aspekte des Selbst sprechen, so meinen wir damit alles das, was den Tag, die Handlung und die physische, materielle Welt liebt. Die Sonne beherrscht auch die Aktivität des Intellekts, denn man braucht viel Sonnenlicht, um den Verstand zu nähren.

Ich habe zuvor schon gesagt, daß die Menschheit zur Zeit einen heftigen Kampf zwischen ihrem solaren und lunaren Wesen durchläuft. Ich erwähnte auch den Konflikt zwischen der inneren, kosmischen Vorstellung, wie die Dinge sein sollten, und der äußeren Realität, wie sie wirklich sind. In gewisser Weise haben wir alle Ideen und Prioritäten im Sonnenlicht. Normalerweise planen wir unseren Tag schon im voraus, zumindest in der westlichen Welt. Wir haben Berufe, Pflichten und Interessen. Menschen, die erfolgreich sind, planen eine ganze Woche im voraus, vielleicht sogar ein ganzes Jahr, zumindest aber einen ganzen Monat! Die solaren Aspekte der Menschheit beziehen sich auf Arbeit und aktive Unternehmungen oder auch auf die äußere Identität in der Welt. Die lunaren Aspekte beziehen sich auf innere Gedanken und inneres Bewußtsein. Wenn wir sagen, daß die lunaren Aspekte von Menschen im Konflikt mit ihren solaren Aspekten sind, so heißt das, daß ihre äußere Aktivität, ihre nach außen gerichteten Prioritäten mit ihrem Unbewußten oder Unterbewußten in Konflikt stehen. Sie sind im Konflikt mit ihrem höheren Selbst, mit dem, was in der äußeren Welt nicht so leicht erkannt oder gesehen wird.

Die solare und lunare Einweihung beginnt beim Herzchakra. Die oberen Chakren – vom vierten bis zum achten – stehen in unmittelbarem Zusammenhang mit den »höheren Einweihungen« oder den »Größeren Mysterien«, wie die Menschen der Antike es nannten. Nur, wenn wir uns der Einweihung der vierten Ebene unterzogen haben, gewinnen wir die Fähigkeit, in vergangene Leben zu blicken und können uns dadurch auf schöpferische Weise erneuern. Die meisten Menschen gehen zu Priestern und Sehern, um etwas über ihre vergangenen Leben zu erfahren, denn sie haben nicht die Fähigkeit, über das gegenwärtige Leben hinaus zu sehen. Diese Fähigkeit steht Menschen erst dann zur Verfügung, wenn sie eine bestimmte evolutionäre Schwingung erlangt haben. Aber seit das Wassermann-Zeitalter begonnen hat, haben sich zwei oder drei Generationen von Seelen inkarniert, die sich an ihre vergangenen Leben erinnern können, und diese Generationen sind ebenso gesegnet wie heimgesucht.

Wenn Menschen sich mit geöffneten »Zeitgewölben« inkarnieren, so sind sie oftmals psychologischen Störungen unterworfen. Sie haben gewisse intellektuelle oder emotionale Probleme in diesem Leben, aber der Ursprung dieser Probleme stammt in Wirklichkeit aus früheren Leben. Diesen Menschen kann nur dann geholfen werden, wenn ihre Ärzte, Psychologen oder Heiler über diese gegenwärtige Wirklichkeit hinaussehen. Kinder, die zwischen den späten vierziger und den späten sechziger Jahren geboren wurden, haben oftmals diese Schwierigkeit.

In der alten Tradition ist die männliche Polarität mit der solaren Einweihung und die weibliche Polarität mit der lunaren Einweihung verbunden. Der solare Prozeß wird oftmals als »Schule des Lebens« erfahren, aber dann setzt oft das Verlangen nach Erleuchtung oder Entwicklung des inneren Wesen durch die lunaren Einweihungen ein. Die solaren Initiationen betonen die

Erleuchtung durch die innere Erkenntnis der eigenen Seele oder die Suche nach seelischer Identität. Diese Erleuchtung kann durch die Beziehung gewonnen werden, die die betreffende Person zwischen dem Selbstverständnis der Seele und ihren Zielen und Zwecken in der äußeren Welt unterhält.

Die lunaren Einweihungen wurden durch das Unbewußte oder Unterbewußte erfahren. Dieser Initiationszyklus ist mit der inneren Dunkelheit verbunden. Er betont das innerpsychische Wesen der Initianden. Die lunare Einweihung hat mit Erfahrungen zu tun, die von der physischen Wirklichkeit losgelöst sind. Die lunare Einweihung bezieht sich auf das Selbstverständnis der Seele und ihrer Beziehung zum Begriff Gottes oder der Göttin, dem göttlichen Geist in der ganzen Schöpfung. Einfach ausgedrückt: Die Seele des Initianden muß ihren spirituellen Platz und Zweck innerhalb der Schöpfung finden.

Die letzten Einweihungen lehren die Transformation und Neuerschaffung der Seele auf Ebenen, die jenseits der lunaren oder solaren Initiationzyklen liegen. Das sind Einweihungen in die »buddhischen« Ebenen, die höheren Reiche; dort geht es darum, bestimmte Aspekte der Göttlichkeit in das Reich des Physischen »herab«zubringen, während die solaren und lunaren Prozesse an das Kronenchakra gebunden sind. Der Eintritt durch die vierte Ebene (durch das Herz des Christusbewußtseins) führt zu Erfahrungen der höheren Reiche, wo buddhisches, überkosmisches, göttliches, planetares und galaktisches Bewußtsein herrscht, und die Reihe läßt sich ins Unendliche fortsetzen.

In der Antike wurden die Methoden, die über die solaren und lunaren Einweihungszyklen hinausführten, ganz ausführlich auf Schriftrollen aufgezeichnet. Aber diese spirituellen Wege konnte man während der dunklen Zeitalter kaum betreten. Menschen, die diese Einweihungen vollendet hatten, wurden mit körperlichen Sanktionen bedroht. Im Mittelalter gab es keinen sicheren Ort, um diese Einweihungen zu erfahren oder sich schulen zu lassen. Wer immer es dennoch versuchte, mußte sich einschneidende Beschränkungen gefallen lassen.

Warum mußte die Menschheit eine Zeit der Dunkelheit durchlaufen? Weil ihr inneres Wesen – die lunare Seite – nach außen in die physische Welt gebracht werden mußte. In dieser Geschichtsepoche (die jetzt gerade zu Ende geht), wurden Ignoranz, Negativität und die unentwickelten Aspekte aus dem tiefen zellulären Bewußtsein der Menschen hervorgeholt. Die Mängel der Menschheit mußten ans Tageslicht kommen. Die Energien der lunaren und solaren Einweihung werden durch Äußerung, Reinigung, Umstrukturierung und Erneuerung ins Gleichgewicht gebracht. Die Kräfte von Hell und Dunkel werden ausbalanciert und können nun beide ihre einzigartigen Eigenschaften ins Spiel bringen, ohne in »kriegerischer« Opposition verharren zu müssen. Das ist das wirkliche Ziel aller Einweihungswege – die Synthese der Dualität, damit sich daraus das Ganze oder die Einheit bilden kann.

Die solare Einweihung

Die solare Einweihung befaßt sich mit dem äußeren Schicksal der Menschheit. Sie löst Kriege, Hungersnöte, Diktaturen und den Aufstieg und Fall von Regierungen aus. Sie ist mit der Zivilisation und ihren Mechanismen verbunden; es ist die Dynamik von menschlichen Denkmustern, wie sie sich in der äußeren Welt aufeinander beziehen.

Diese Energien erreichen jetzt gerade einen Höhepunkt. Deshalb sehen wir, wie führende Regierungsmitglieder – und andere Menschen in wichtigen Positionen – von ihren Sockeln fallen. Schwäche wird öffentlich ausgestellt und verursacht den Zerfall, den Niedergang oder die Auflösung von Systemen, die »energetisch« nicht mehr tragfähig sind. Der Geist oder die Lebenskraft dieser Systeme ist tot! Dieser »Verlust der Gnade« wird bei vielen Menschen stattfinden, die ihr Leben auf Illusionen und äußeren Glanz gegründet haben. Aber innere Illusionen und Täuschungen können ebenso tödlich sein wie eine jede äußere Falschheit.

Die erste Ebene der solaren Einweihung besteht in der Art, wie wir unsere Eltern behandeln. Die zweite Phase betrifft unser Verhalten gegenüber unserer näheren Umgebung. Die dritte Phase betrifft das Verhalten gegenüber unseren (Ehe)partnern. Die vierte Phase ist das Verhalten gegenüber uns selbst. In der fünften Phase lernen wir, wie wir die äußere Welt behandeln, in der sechsten, wie wir mit unserem inneren Geist umgehen, in der siebten, wie wir die ganze Schöpfung behandeln. In der solaren Einweihung werden wir geprüft und lernen unsere Charakterfehler kennen. Sie beruht auf unseren Interaktionen mit der äußeren Welt und ist die Voraussetzung, um überhaupt den Weg in die innere Welt zu beschreiten. Und dennoch müssen wir auch die lunaren Einweihungsschritte durchlaufen, wenn wir unsere solaren Probleme korrigieren wollen.

Wenn wir durch die solaren Einweihungen schreiten (was man ganz einfach als »das Leben« bezeichnen könnte), bemerken wir vielleicht, daß wir Schwierigkeiten in den oben erwähnten Beziehungen haben. Jeder von diesen Aspekten kann dysfunktional sein. Wenn es zu einem Scheitern kommt, so wird dieses Scheitern oftmals zu einem Eingangstor in den lunaren Zyklus.

Manche Menschen werden einige dieser Phasen sehr gut bewältigen, um dann bei der nächsten zusammenzubrechen. Nicht jeder durchläuft diese Einweihungsschritte in der genannten Ordnung. Manche Menschen durchschreiten eine oder zwei solare Phasen und bemerken, daß sie in die lunare eintreten müssen, um sich weiterzuentwickeln. Sie erkennen, daß sie nicht weiterkommen, wenn sie nicht mehr über ihren inneren Charakter lernen. Deshalb kehren sie in den Keller, in die Dunkelheit zurück. Und oftmals wird daraus ein Hin- und Her-Wandern zwischen der solaren und der lunaren Einweihung.

Die lunaren Einweihungsstufen

Die lunaren Einweihungsschritte sind ähnlich im Ablauf, aber das Reich, in dem wir unsere Transformationen ausarbeiten, bleibt unsichtbar. Auch die lunare Initiation hat Phasen, aber sie beziehen sich auf die unterbewußten oder inneren Programme und das Verhältnis der Seele zu dieser Programmierung, nicht jedoch auf Herausforderungen in der äußeren Welt. Beim lunaren Zyklus müssen wir nach innen gehen, um unseren Charakter zu verändern. Wenn wir unseren inneren Charakter – seine Werte, Normen und Glaubensvorstellungen – verändern, so kehren wir zur äußeren Welt zurück und prüfen dann diese Veränderungen durch die »Herausforderungen« der solaren Einweihung.

Und irgendwann einmal ist alles geleistet, was geleistet werden kann, und wir gelangen an einen Punkt, an dem wir sowohl innerlich wie auch äußerlich alles getan haben, was wir tun konnten, und trotzdem verspüren wir noch eine Blockade oder eine Mauer, die unsere persönliche Evolution behindert. Um nun auf dem Weg der solaren oder lunaren Einweihung weiterzuschreiten, müssen wir ins Reich des »Nichtwirklichen« eintreten. Wieviele Menschen haben nicht alle medizinischen, psychologischen, religiösen und philosophischen Heilmethoden ausprobiert, nur um sich vor einer Mauer, einem Hindernis, einem geschlossenen Tor wiederzufinden! Ja, manchmal scheinen sie nicht einmal zu bemerken, daß es noch ein anderes Tor geben könnte! Sie sitzen fest.

Alle Hilfsmittel in dieser physischen Zeitzone sind erschöpft worden, und trotzdem ist das Problem noch nicht gelöst. Es gibt nur einen »nächsten« Schritt – einen Glaubenssprung, einen Akt der Unterwerfung. Dies bringt uns zum Reich des Geistes. Wir müssen uns für Lösungen beziehungsweise Heilungen öffnen, die von einem Ort jenseits von uns kommen. Bei den Anonymen Alkoholikern wird dieses Reich als die »Höhere Macht« bezeichnet: In der Metaphysik nennen wir es die »Welt des universellen Geistes«, den »Großen Geist«, die »Göttin«, die »Gottheit« oder das »Göttliche«.

Die Menschen blicken letztlich über das hinaus, was ihnen in diesem Leben geschehen ist. Plötzlich wird das Gewebe der Zeit selbst zu einem Tor. Diese besondere Lösung oder Antwort erfordert eine Suche oder eine Reise. Sie müssen quer durch die Zeit reisen – durch Vergangenheit, Gegenwart und Zukunft. Und sie müssen sich auch der Ewigkeit nähern. Die »Vergangenheit«, das sind vergangene Leben – der fortlaufende Zusammenhang der Identität und Geschichte dieser Seele. Die »Gegenwart« ist die Wirklichkeit, die sie gegenwärtig erzeugen, und das Ewige ist das Spirituelle oder Göttliche, das Reich der vollendeten Wahrheit (eine ewige Konstante). Die Zukunft wird dann zur Wahlmöglichkeit – sie wird aus einer Synthese von Vergangenheit, Gegenwart und dem Ewigen erzeugt. Dieser ganze Prozeß ist der Kern der lunaren Erfahrung.

Für den lunaren Einweihungsweg brauchen wir eine spirituelle »Öffnung«, die uns auf das harmonische Fließen dieser vier Zeitaspekte einstimmt. Menschen können sich für dieses Fließen öffnen, wenn sie zu einer Gottheit beten. Indem sie die Energie ihrer Seele der Energie des Göttlichen unterwerfen, können sie ein Eingangstor schaffen und zu Kindheit, Geburt und der vorgeburtlichen Phase wie auch in vergangene Leben zurückreisen, um die karmischen Samen zu entdecken, die sie jetzt gerade ernten.

Viele Menschen versuchen Projekte für die Zukunft zu entwerfen, weil sie ein bestimmtes Resultat erzeugen oder manifestieren wollen. Sie haben eine Vision ihrer zukünftigen Evolution. Während einer spirituellen Öffnung können sie vielleicht einen Blick auf das werfen, was sie sein könnten. Es verhält sich so ähnlich wie mit der Karotte, die dem Esel vor die Nase gehalten wird. Diese Methode inspiriert, verleiht Hoffnung und gibt ein Ziel an.

Aber um die Energie, den inneren Wunsch und die Vision aufrechtzuerhalten, damit die Vergangenheit geklärt und kreative Energie für die Zukunft erzeugt werden kann, muß man systematisch mit dem Reich des Ewigen in Kontakt treten. Wenn dieser Prozeß gemeistert wird, so kennzeichnet dies die Größeren Einweihungszyklen.

Für wirkliche Transformationen müssen wir uns psychisch mit unseren vergangenen Leben in Beziehung setzen und alle Blockaden, die die Benutzung dieses Tores behindern, aufarbeiten und wegräumen. Aus der Vergangenheit und Gegenwart erzeugen wir unsere Zukunft. Ohne ein genaues und gründliches Verständnis der Geschichte unserer eigenen Seele, müssen wir unser Karma wiederholen und vielleicht sogar neue Probleme für uns schaffen. Aber wenn wir uns mit dem

Göttlichen in unserem Inneren verbinden, so lassen wir eine immer größere Zukunft für unsere Seele zu, und wir haben die Sicherheit, daß unser Karma geheilt wird.

Manchmal erfolgen diese Einweihungsschritte nacheinander, manchmal auch nicht. Zum Beispiel kann die eine Öffnung ganz plötzlich stattfinden. Wenn wir den größeren Einweihungszyklus beginnen, so wird die Zeit sehr elastisch. Wir können sie manipulieren. Wir können die Lebenskraft manipulieren. Wir können jünger und älter werden; wir können die Zeit biegen. Das ist eine sehr magische Dimension.

Wenn wir einmal begonnen haben, in dieser Dimension zu arbeiten, so müssen wir zunächst lernen, wie sie funktioniert. Es gibt gewisse Regeln für diese Wirklichkeit, gewissermaßen einen ethischen Code. Menschen können diese Energie oder dieses Wissen nicht verwenden, um anderen Menschen weh zu tun. Die Zeit zwischen dem Vollzug eines energetischen Verbrechens und seiner karmischen Reaktion schwindet beträchtlich. Diese verkürzte Reaktionszeit liegt an der Beschleunigung der Zeit selbst, die durch die Zündung der ersten Atombomben erfolgte. Das Atomzeitalter hat den Evolutionszyklus des Planeten Erde beschleunigt. Die zahlreichen Atomversuche mit ihren Kernspaltungen haben Wellen und Schwingungen ausgestrahlt, die auf alle Lebensformen unseres Planeten und deren biologische Strukturen eingewirkt haben. Die Veränderungen in den subatomaren Teilchen des mineralischen, pflanzlichen und tierischen Lebens sind in verschiedenen wissenschaftlichen Journalen dokumentiert worden. Zusammen mit den Wirkungen des Elektrosmogs in unserer Umwelt wirkt sich das so aus, daß das menschliche Zellwachstum wie auch das Bewußtsein ganz buchstäblich »beschleunigt« wird, wenn es versucht, die herandrängenden Veränderungen zu verarbeiten.

Wegen der Art der Einweihung auf diesem Planeten gibt es gewisse Faktoren, die sich stark auf die Einweihungsprozesse der Menschen auswirken. Am wichtigsten ist zunächst einmal die Wirkung der Erde selbst. Wir wohnen auf einem Planeten, der lebt und atmet und seinen eigenen Evolutionsweg hat. *Wir müssen uns mit unserer physischen Umwelt harmonisieren.* Im Schwesternbund der Themis ließen wir Menschen erst dann zur Einweihung zu, wenn sie eine Beziehung zur Mutter Erde entwickelt hatten. Die Initianden mußten ihre Geburt in der physischen Ebene akzeptieren. Dann mußten sie der Erde ein Opfer darbringen, und zwar in Form irgendeiner Dienstleistung. Das fanden wir sehr wichtig; Die Initianden hatten ihren physischen Körper zu akzeptieren, sie mußten akzeptieren, daß sie aus Erde geschaffen waren. Wir lehrten sie, wie sie für die Erde sorgen, sie ehren, mit ihr sprechen, sich auf sie einstimmen konnten. Und auf diese Weise wurden sie fähig, die Zeichen des Universums in ihrer Manifestation durch Gaia, die Erdgöttin, Terra Mater, die Erstgeborene, zu verstehen.

Sobald die Initianden die Grundlagen der Einfühlung und des Wissens erworben hatten, durften sie mit der Einweihungsreise beginnen. Am Ende ihres solaren Zyklus (in Form eines Dienstes an der Gemeinschaft oder einer Rückkehr aus dem Privatleben) und dem Beginn des lunaren Zyklus (der tiefen inneren Dunkelheit, der übersinnlichen und spirituellen Schulungen) gingen sie wieder zurück und schlossen einen Bund mit der Mutter Erde. Die lunare Schulung stellte die karmische Geschichte der Schüler in den Vordergrund, sie erkannten, warum es sie wieder zur Materie gezogen hatte, warum sie sich inkarniert hatten. Dieser Bund war ein Diensteid von seiten der Initianden für die Erde selbst. Oft sah es so aus, daß sie die Aufsicht und

Fürsorge über einen heiligen Platz – einen Hain oder eine Quelle – übernahmen.

Wenn die solare und die lunare Einweihung vollendet waren, begannen die Einweihungen in die »Größeren Mysterien«, und dann entließ Gaia sie aus ihrem Bund. Denn nun mußten sie lernen, sich aus den Banden der Schwerkraft zu lösen und die dazu notwendigen Techniken meistern. Dieses Geheimnis war das Geschenk, das Gaia ihren Eingeweihten gab. Nur wenn sie mit Erfolg eine tiefe Achtung vor der Mutter Erde erworben hatten, durften sie die Techniken der Höheren Einweihung erlernen: mathematische Schlüsse, Handpositionen (Mudras), Körperpositionen (Yoga) und die Einstimmung der Chakren (Kundalini-Yoga). Dadurch wurden sie fähig, den Fesseln der Schwerkraft und der Inkarnation zu entkommen.

Wenn wir einmal gelernt haben, der Schwerkraft der Erde zu entfliehen, so sind wir in gewisser Weise von unserem Menschsein abgeschnitten. Nur nichtmenschliche oder »übermenschliche« Wesen haben einen wirklichen Zugang zu den Gesetzen und der Physik, die die Schwerkraft überwinden. Wir unterliegen als Planet einer Art Evolutionsquarantäne, und zwar aufgrund unseres niedrigen ökologischen Bewußtseins. Wenn wir Befreiung erlangen, so geschieht dies, indem wir die unteren Ebenen des »menschlichen erdgebundenen« Bewußtseins von Verlangen und Bindung reinigen. Dann werden wir zu Adepten, und die Einschränkungen der ätherischen Biosphäre der Erde werden aufgehoben.

Die gesamte Bevölkerung unseres Planeten durchläuft gegenwärtig eine lunare Einweihung. Menschen, die sich in der New-Age-Bewegung verwirklichen, haben bereits einige lunare Einweihungen vollendet. Viele fühlen sich zu Bewußtseinstechniken des New Age hingezogen, weil sie die lunaren Schattenaspekte der Psyche verarbeiten müssen.

Vieles in der New-Age-Bewegung hat mit lunaren Einweihungsschritten zu tun, und zwar aufgrund des seelischen Bedürfnisses nach einer Klärung des Unterbewußten und Unbewußten. Der wirkliche Beginn des Wassermann-Zeitalters liegt am Ende dieses lunaren Zyklus, dann nämlich, wenn die notwendigen femininen Einweihungsprozesse vollendet worden sind.

In den alten Tagen halfen die »Kleineren Mysterien« den Eingeweihten, ihre Beziehung zu den Mysterien der irdischen Existenz zu klären. Die Ziele dieser Schulungen waren auf die Weisheit gerichtet, die in den Zyklen der Natur und ihrer Reflexion in der menschlichen Psyche enthalten ist.

Gleichzeitig wurden in den »Größeren Mysterien« alle Bewußtseinsebenen thematisiert, die es im Kosmos gab – alle nichtphysischen Wirklichkeiten, die über das irdische Leben hinausgingen. Die Schulungen waren darauf abgestellt, das Bewußtsein der Schüler für diese Wirklichkeiten zu öffnen und Methoden zu üben und zu kultivieren, um einen kontinuierlichen Erleuchtungszustand zu garantieren.

Und dennoch geht der »Größere Einweihungszyklus« sogar über dieses Bewußtsein hinaus. Die großen Eingeweihten – Moses, Buddha, Christus und all die vielen Göttinnen und Priesterinnen, deren Geschichte uns verlorengegangen ist – kannten noch umfassendere Lehren, die von Welten, die jenseits aller Bilder des menschlichen Himmels lagen, berichteten.

Nachwort: Die Weise Frau – Die Stimme der Eingeweihten

In meinem damaligen Erdenleben konnten Eingeweihte zwischen dem vierzehnten und dem fünfunddreißigsten Lebensjahr in die Welt hinausgehen, Kinder zur Welt bringen, sie aufziehen und mit ihnen leben. Wir wünschten keine politische Naivität, keine Weltfremdheit bei unseren Priesterinnen und Priestern. Wenn sie eine Familie hatten, lebten sie meistens zwei oder drei Siebenjahreszyklen lang außerhalb des Tempels. Wir sahen sie vielleicht erst im Alter von 35 oder 42 Jahren wieder, wenn sie ihr weltliches Leben vollendet hatten und zum Tempel zurückkamen. Die Zeit, da sie die äußere Welt verließen und zum Tempel zurückkehrten, wurde die »Zeit der letzten Dunkelheit« genannt.

Das war anders als die erste Periode in der Dunkelheitsschulung. Diesmal gingen die Eingeweihten nicht wirklich unter die Erde, sondern arbeiteten vielmehr mit der Dunkelheit in ihrem Inneren. Sie erinnerten sich, daß die erste Periode eine Zeit der äußeren Dunkelheit war. Und mit der inneren Dunkelheit zu arbeiten, bedeutete, daß sie sich ihrer Schattenseite annehmen mußten. Während dieser Zeit führten wir eine Art von Rückführungstherapie durch. Wir lehrten sie auch das »Reisen«, also die extrakorporellen Methoden, um sich in den Reichen des Astralen zu bewegen. Während der Rückkehr zur zweiten Dunkelheit wurden die Eingeweihten zu spirituellen Kriegern auf der astralen Ebene, sowohl in bezug auf ihre eigene als auch auf die Schattenseite anderer Menschen.

Wenn sie diese Schulung absolviert hatten, wurden sie je nach ihren individuellen Talenten ausgewählt. Die einen verwendeten ihre übersinnlichen Gaben für die Administration, andere wurden zu Heilern oder Sehern. Alle gehörten sie zur Priesterkaste, aber die Art ihrer Priesterschaft war unterschiedlich. Manche wurden Propheten und Orakelpriester; manche wurden geschult, um bei der Geburt oder beim Sterben zu helfen. Und natürlich wurden manche auch als Lehrer ausgebildet, um andere Priesterinnen und Priester heranzuziehen. Einige von ihnen wurden sogar für politische Funktionen vorbereitet, sie wurden dann Schreiber, Gelehrte, Diplomaten und Beamte.

Sie sehen, daß wir ein wunderbares System hatten. Es richtete sich nach dem ägyptischen Tempelsystem, und dieses wiederum beruhte auf der Struktur der atlantischen Tempelherrschaft.

Wenn die Eingeweihten sich spezialisiert hatten, so wurden diejenigen unter ihnen herausgefiltert, die in ihrem Bereich wirklich hervorragend waren. Wir nannten sie »die Weisen«. Und interessanterweise wurden sie diesmal zum inneren Tempel gebracht und der Athene geweiht. Wenn man soviel übersinnliche Macht hat, dabei aber *nicht* weise und mitfühlend ist, so kann dies gefährlich sein. Wenn wir also Eingeweihte unter die Führung der Göttin der Weisheit stellten, so war dies als Schutz und Aufforderung zur Integrität gemeint.

Zum Hierophanten werden

Die Talentierteren wählten wir aus und schulten sie für die Funktion von Hohepriesterinnen und Hohenpriestern (Hierophanten). Sie mußten anstrengende Übungen und Aufgaben in den Bereichen des Übersinnlichen vollziehen. Sie wurden der Tempelpflichten enthoben und erhielten eine Tiefenschulung in Hellsehen, Astralreisen, Geistreisen und dem Verlassen ihrer physischen Körper. Das entsprach den Hohen Einweihungsmethoden in Ägypten.

Wenn wir eine Gruppe von Eingeweihten dieser fortgeschrittenen Stufe hatten, so mußten sie nach Ägypten reisen und sich in der Großen Pyramide aufhalten, weil die Pyramide selbst ein Akasha-Bericht ist. Ihre feinstoffliche Schwingung ist dabei der Schlüssel.

Die Sphinx von Gizeh ist die Halle der Aufzeichnungen der atlantischen Kultur und beinhaltet ihre Geschichte, Erfindungen, Kultur, Kunst und Wissenschaft. Das Bewußtsein oder die spirituelle Geschichte der Menschheit und unseres Planeten ist in der Großen Pyramide verborgen. Sie birgt die Weisheit und Information über die Einweihung, damit sich Menschen letztlich und endlich vom Rad der Wiedergeburt befreien können.

Einige von unseren höheren Eingeweihten wurden auch nach Indien und Kreta geschickt. In dieser Phase waren immer Reisen angesagt. Die Hohepriesterinnen und Hohepriester mußten kulturell gebildet und erfahren sein und fähig sein, sich auf den jeweiligen politischen Zustand unseres Planeten einzuschwingen.

Haben Sie von den Sibyllinischen Büchern gehört? Es waren Ausgaben von »Zukunftsgeschichte«, die von Ägypten nach Delphi und Eleusis gebracht wurden. Diese Niederschriften waren mediale Offenbarungen aus der Sphinx und der Großen Pyramide. Sie wurden in Büchern schriftlich abgefaßt und zu den geheimen Büchereien und Tempeln von Griechenland gebracht. Wenn die Eingeweihten aus Ägypten, Indien oder Kreta zurückkehrten, nannte man sie »Hierophanten« oder »Hierophantinnen«.

Zur Weisen Alten Frau werden

In dem Augenblick, wo eine Frau die Wechseljahre durchlief, wurde sie zur Weisen Alten Frau oder Großmutter. »Großmutter« bedeutete nicht dasselbe wie heute. Es beinhaltete ein »großes« Mutterbild, und »Mutter« war die Göttin, in der alles enthalten war: Leben, Tod und Wiedergeburt. Alle alten Weisen Frauen mußten Menschen beim Sterben beistehen oder Seelen bei Geburtszeremonien willkommen heißen.

Während dieser letzten Einweihungszyklen gab es keine Ausfälle mehr. Die Eingeweihten waren inzwischen so vielseitig gebildet, daß sie nur ein wenig üben mußten, bis sie eine Methode meistern konnten.

Manchmal hatten Personen unser Tempelprogramm absolviert, die mit konstitutionellen oder geburtsbedingten Problemen zu kämpfen hatten, die in ihrer gegenwärtigen Lebenszeit nur schwer oder gar nicht zu lösen waren. Diese Eingeweihten sandten wir nach Ägypten oder Indien zur Heilung. Wir hatten zwar die Wissenschaft, waren aber nicht die besten auf diesem Gebiet. Hin und wieder gab es Personen, die die letzten Einweihungen nicht vollenden konnten, ansonsten aber fähig und talentiert waren. Diese Menschen wurden in sehr wichtigen politischen Positionen untergebracht, als Bindeglieder zwischen der äußeren Welt und dem inneren Tempel.

Dann kam eine Zeit, in der selbst die Weisen Alten Frauen ihre letzten Einweihungen absolvieren mußten. Erst, wenn eine Veränderung der Lebenskraft erfolgte, konnte die letzte Einweihung in das weibliche Prinzip erfolgen (auch Männer waren in diesen letzten Einweihungen durch das Alter eingeschränkt). Das war die »alchemische Hochzeit« zwischen der männlichen und weiblichen Polarität im Inneren, und dadurch erst wurden die Eingeweihten zu Weisen Alten Frauen – jenseits von Sexualität in der dritten Phase der androgynen Gottesenergie.

Die alchemische Vereinigung erzeugte eine dritte und neue Essenz, die jenseits von Männlich und Weiblich lag. Das war ein ganz besonderes Ereignis; ohne diese letzte Einweihung war es unmöglich, zur Weisen Alten Frau zu werden. Die Frauen erhielten dann einen Stab, um den sich eine oder zwei Schlangen ringelten (je nachdem, in welchem Tempel sie ausgebildet worden waren).

Ich, die Weise Alte Frau von Eleusis, habe diese letzte Einweihung bestanden und durfte den Schlangenstab tragen. Ich wußte auch, daß es während dieser Zeit eine große Gruppe von Eingeweihten gab, deren Schicksal es sein würde, in den nächsten Zeitaltern Macht und technisches Wissen in Händen zu halten. Schon in Ägypten erfuhren wir, daß die Welt viele dunkle Zeitalter durchlaufen würde. Das Männliche und das Weibliche würden getrennt werden. Es würde überall Krieg geben, der nur den inneren Krieg in allen Menschen widerspiegelte.

Der innere Kampf zwischen den männlichen und weiblichen Energien würde sich im äußeren Leben des Planeten offenbaren. Aber es würde eine Zeit kommen, in der die beiden Prinzipien wieder zusammenkommen und ins Gleichgewicht gebracht werden würden. Und das sollte tatsächlich das Neue Zeitalter sein. So jedenfalls sahen wir es. Dieses Neue Zeitalter ist um die Verschmelzung des Männlichen und Weiblichen zu einem dritten Aspekt zentriert, den wir als spirituelle Essenz oder spirituelle Wahrheit bezeichnen.

Können wir den Augenblick oder das Lebensalter vorhersagen, in dem wir Erleuchtung erfahren? Wenn wir in eine Kristallkugel, eine prophetische Quelle oder auch ins Horoskop blicken, so können wir Ereignisse in diesem Leben und auch in anderen Leben vorhersagen. In Ägypten wußten wir, wie wir uns in der Zeit nach vorne katapultieren und zukünftige Leben ins Auge fassen konnten. Heute sagen Astrologen das mit Hilfe von Computern voraus, aber niemand weiß, wie ein vollkommen ausbalanciertes, erleuchtetes Geburtshoroskop aussieht!

Ein Horoskop ist nichts anderes als eine Reihe von verzerrten Bauplänen. Wenn alle Planeten und das ganze Horoskop in vollkommener Balance sind, so hat die betreffende Person ihr spirituelles Schicksal erfüllt und wird vom Rad der Wiedergeburt entlassen. Wir konnten das berechnen: wir konnten mathematisch feststellen, in welchen Lebenszeiten und zu welchen Gelegenheiten das stattfinden würde. Aber es mußte auf dem Geburtsdatum der allerersten Inkarnation beruhen!

Viele Menschen sind nun der Befreiung sehr nahe. Sie sind die lebenden Beispiele dafür, was die übrige Menschheit noch tun muß, um sich zu retten. Einige dieser Menschen opfern sich auf; sie vollziehen ihre Transformationen öffentlich mit großem Drama, damit wir einen Nutzen davon haben. Einige wiederum gehen mit ihrem erleuchteten Zustand sanft und leise um und teilen ihr Licht und ihr Mitgefühl einfach und unauffällig mit anderen Menschen.

Es ist gerade diese Generation von Seelen, die nach dem Zweiten Weltkrieg geboren wurden: sie durchlaufen jetzt das Eingangstor der Einweihung und kommen der Vollendung ihres Karmas sehr nahe. Deshalb leiden sie auch so sehr. Durch das Tor zu gehen heißt, sich von der Erde abzunabeln, und viele Menschen wollen das nicht. Die Seele sagt: »Ich möchte noch immer menschlich sein!« Und der Geist antwortet: »Aber gehen wir doch auf die Vollkommenheit zu!«

Vor langer Zeit hatten wir in Ägypten einen Geschichtskursus – über die zukünftige Geschichte des Planeten! So scharf war das Bewußtsein der alten Ägypter – sie konnten die zukünftige Geschichte lehren! Wir erfuhren, daß es einen Zeitpunkt geben würde, an dem viele Menschen, die jetzt in diesem Raum saßen, große Schwierigkeiten haben würden. Ihr eigener spiritueller Fortschritt würde aufgehalten werden, damit es zu einer zeitlichen Übereinstimmung mit dem Bewußtseinswandel zu Beginn des Neuen Zeitalters kommen würde.

Diese Menschen sollten also auf der spirituellen Ebene zurückgehalten werden, um sich mit dem globalen Bewußtsein zu harmonisieren. Dadurch würde die Auflösung von planetarischem Karma beschleunigt werden. Deshalb gibt es jetzt eine Menge von frustrierten Menschen, die eigentlich gar nicht hier sein wollen, die inneren Zorn verspüren und sich von Gott verraten fühlen. Wir wußten, daß einige dieser Menschen in unseren Tempeln lebten. Wir konnten sie zwar von den anderen unterscheiden, durften ihnen aber nicht sagen, wer sie waren. Wir gaben ihnen einfach nur Trost und Schutz, so gut wir es eben vermochten.

In den Einweihungswegen der Göttin ist das Ziel die Erinnerung an unser eigentliches spirituelles und psychologisches Sein, und zwar nicht in der äußeren menschlichen Welt, sondern in der Welt des Geistes. Das Weibliche stellt die innere Wahrheit, und das Männliche die äußere Wahrheit dar. Das Männliche verkörpert die Wahrheit in der physischen Wirklichkeit und auf der physischen Ebene. Das Weibliche verkörpert die Wahrheit für die innere Wirklichkeit oder die nichtphysische Ebene. Es gibt einen Punkt, an dem sich beide treffen und die Wahrheit des Wortes »Wie oben, so unten« enthüllt wird. *Und in der Suche nach diesem Punkt liegt das Geheimnis der Erleuchtung!*

In den Einweihungswegen der Göttin lehren wir Menschen den Weg nach innen, damit sie Beispiele der inneren Wahrheit suchen können. Dann können sie das nehmen, was sie für die äußere Wahrheit halten und vergleichen und analysieren. Sie lernen, wie sie die innere Wahrheit in der äußeren Welt erkennen können. Das ist der Prozeß und die Schulung der weiblichen Einweihungswege und gleichzeitig eine sehr gründliche Arbeit zur Reinigung unseres persönlichen Karmas.

Wenn man dem Ruf des inneren Lebens in der Tradition der Göttin folgt, so tun sich viele Offenbarungen auf. Menschen kämpfen oftmals dagegen, sie widersetzen sich. Sie müssen vielleicht erst noch »sehen«, wo ihre innere Welt mit ihrer äußeren Welt nicht im Einklang steht. Sie müssen den Grund erkennen und dann Veränderungen in Gang setzen. Für viele Menschen ist es leichter, an die physische Wirklichkeit zu glauben, als sich mit all den Assoziationen auseinanderzusetzen, die mit der nichtphysischen Wirklichkeit einhergehen. Viele Menschen fliehen vor dem Inneren, indem sie nach außen gehen.

Wenn Menschen nach innen gehen, um der Außenwelt zu entfliehen, wenn sie sich entschlossen haben, nach den Gesetzen der inneren Wahrheit zu leben, diese innere Wahrheit aber nicht zur vollen Verwirklichung in der äußeren Welt bringen können, so gehören sie zur Gruppe der gescheiterten Hierophanten. Das ist ein sehr ernstes Problem. Es bedeutet, daß die Initianden ein riesiges, klaffendes Energieloch in ihrer Aura haben, und dadurch sind sie für Karma sehr verletzlich.

In den Einweihungsschulungen der Antike dagegen hieß es nicht nur »wie oben, so unten«, sondern auch »wie innen, so außen«. Diese spirituelle Maxime ist kein Klischee, sondern ein spirituelles Gesetz des Universums – und das Universum selbst hat die Prozesse und Methoden geschaffen.

Als ich eine junge Eingeweihte war, sollte das Orakelsystem und die Mysterienschulen den Führungspersönlichkeiten die Weisheit vermitteln, um die Menschheit zu lenken. In der Antike gab es nur wenige Menschen, die lesen und schreiben konnten, und nur sehr wenige, die genügend ausgebildet waren, um die Menschheit mit Liebe, Freundlichkeit, Mitgefühl, Gerechtigkeit, Ehrenhaftigkeit und Gleichgewicht zu führen. Es war ein Wunder, wenn ein König oder eine Königin die Voraussicht und die Weisheit hatte, ihr Königreich auf den Grundlagen von Gerechtigkeit, Liebe, Mitgefühl und Gnade zu errichten.

Diese Könige und Königinnen waren so selten, daß sie in der Sicht von normalen menschlichen Wesen als Götter und Göttinnen wahrgenommen wurden. Und dennoch zielte die Erziehung von Königen und Königinnen in den Mysterienschulen immer darauf ab, in diesen mächtigen Menschen die Erleuchtung des geöffneten Herzens zu entzünden. Ganz gleich, welche Art von Erleuchtung sie also erlangen würden, immer würden sie sich für den Dienst am Leben ihrer Untertanen einsetzen.

Unglücklicherweise erinnern wir uns nur an die Krieger: Philipp von Makedonien, Alexander, Xerxes, Agamemnon – all jene, die Menschen töteten und dahinmetzelten, die Herrscher, die den Willen von anderen menschlichen Wesen ihrem eigenen unterwarfen. Große Akte der Güte sind oftmals ruhig und sanft. Und doch klangen durch all diese geschichtlichen Ereignisse die Stimmen der Götter und Göttinnen, die Stimmen der Orakel, um diese heftigen und unzugänglichen Männer und Frauen zu mäßigen, die ihren Willen dem Willen von anderen Menschen aufzwingen wollten.

Einstmals in meinem Leben wurde ich als Orakelpriesterin, Seherin, Heilerin und Erkennerin der Wahrheit geschult. Als ich diese Positionen und Fähigkeiten erlangte, bemerkte ich, daß die größten Mühen und Herausforderungen nicht im Bereich der Intelligenz, sondern im Herzen lagen. Zu »sehen«, war leicht; in die Zukunft zu sehen war einfach nur eine technische Kunstfertigkeit. Aber diese Information mit Mitgefühl, Gnade und Weisheit weiterzugeben, vermittels dieser Information nicht nur die Herzen der Fragenden zu öffnen, sondern sie auch zur Öffnung ihres Herzens anzuspornen – das war die eigentliche Herausforderung! Als ich jung war, fand unsere Schulung in den Feldern, Obstgärten, in unterirdischen Höhlen und marmorverkleideten Hallen statt, aber immer und immer wieder war der eigentliche Ort der Handlung das Herz. Wozu sind die großen Geheimnisse des Universums gut, wenn man sie nicht dazu verwendet, mehr Leben und Liebe zu erschaffen?

Die Geheimnisse des Universums sammelt man nicht, um Macht zu erlangen, um mächtiger zu werden als der Nachbar, um mehr Geld und Eigentum zu ergattern. All diese Dinge sind nicht dauerhaft. Aber Frieden und Liebe sind dauerhaft. Jene Art der Liebe, die mit einem offenen Herzen einhergeht und in allem Liebe und Güte findet, ist dauerhaft. Ein offenes Herz ist nicht dümmlich, naiv oder leichtgläubig. Ein offenes Herz kennt auch die dunklen Seiten der Menschen, die es liebt, denn es sieht und fühlt alles: das Gute und das Böse, das Positive und das Negative, das Übel und das höchste Göttliche. Ein offenes Herz gibt und empfängt. Man kann nicht die eine Polarität ohne die andere haben und das als offenes Herz bezeichnen.

Zu meiner Zeit gab es während all der Schulungen, Zeremonien und Rituale immer nur ein Ziel: die Liebe des Göttlichen zu fühlen und sie auf andere überfließen zu lassen. In all den Einweihungsschritten, Zyklen und

Stadien, die Menschen durchlaufen, in allem, was hier geschrieben steht, geht es einfach nur darum, ihnen dabei zu helfen, einen Ort zu finden, an dem ihr Herz Liebe gibt und empfängt.

Ich habe versucht zu beschreiben, wie Menschen leben, kämpfen, woran sie denken müssen. Und wenn Sie als Weisheitssucherin nur ein klein wenig davon in wachem Bewußtsein, in Ihrer eigenen Lebenserfahrung behalten haben und es auf die verschiedenen Stadien der Evolution, Erleuchtung und Einweihung anwenden können, so werden Sie weiser werden. Sie werden wissen und fühlen, was es heißt, offen, ausgeglichen und klar zu sein. Wenn Sie diese Eigenschaften haben, so ist Ihr Herz dann frei, Liebe zu geben und zu empfangen.

Und so haben Sie nun also meine Erinnerungen gelesen. Wie bei so vielen Erinnerungen sind es hier nicht die Einzelheiten, die die Weisheit in sich tragen: es ist die Essenz der Wahrheit, die das Lied singt, das wir hören.

In der Antike verbrachten die Eingeweihten ein Leben mit Lernen und Selbstvervollkommnung, sie verfeinerten das Irdische im Äußeren und pflegten das Göttliche im Inneren. Es blieb zu hoffen, daß der spirituelle Pilger durch sorgfältige Arbeit die innere und äußere Wahrheit in Einklang bringen konnte, daß er die Wirklichkeit der äußeren Welt (die wir als männliche Polarität bezeichnen) und die Wirklichkeit der inneren Welt (die weibliche Polarität) zur Verschmelzung bringen konnte. Dann entstand die große »Hochzeit«, die alchemische Hochzeit der esoterischen Schulen.

Wenn diese Hochzeit einmal stattgefunden hat, so entsteht ein »Brennen im Inneren« – eine Erleuchtung, die alle Nischen des Selbst berührt. Sie verleiht den Initianden den Titel der »Illuminaten«. So fallen also die Kleineren und Größeren Mysterien in eins, und Meisterschaft wird erreicht.

Auf dem Weg dieser gefährlichen Reise werden einfache Menschen über das wirkliche Wesen des Bewußtseins und die Physik der menschlichen Natur unterrichtet. Aus diesem Wissen kam die Fähigkeit zu sehen, die »Zukunft« zu erkennen. Denn so verschieden die Menschen sind, die Wege des Wachstums sind auf erstaunlichste Weise dieselben.

Die Initianden der großen Mysterienschulen wurden in diesem Curriculum des »inneren Wissens« geschult. Die Wahrheitsuchenden verwandelten sich durch die Energie und Erfahrung der Suche selbst. Sie verwandelten sich in neugeborene Wesen, die ins Licht der kosmischen und irdischen Verwirklichung traten – und so wurden sie göttlich, sie wurden zu einer lebenden Göttin, einem lebenden Gott.

Die Menschen der Antike versuchten dies zu leben. Es ist jene Geschichte, die ich, die Weise Alte Frau, einmal gelebt habe. Nicht nur einmal, sondern in vielen Inkarnationen. Ich wurde zur Lehrerin für diese Reise und zur Führerin auf dieser Suche.

Die lange verlorene Weisheitslehre von Eleusis hat sich jetzt entwickelt – und zwar zu einer elementaren menschlichen Geschichte, die alle Menschen überall erfahren, ertragen und feiern können.

Es ist meine Hoffnung, daß Sie bei der Lektüre meiner Erzählung oft zu sich selbst sagten: »Ja, das habe ich auch erlebt!« Ich hoffe, daß meine Erinnerung auch Ihre Erinnerung angeregt hat!

Es ist nicht das Ende. Es gibt noch mehr Geschichten zu erzählen, noch mehr Lehren zu vermitteln und andere Reisen zu erzählen. Es wird mir eine Ehre sein, ein weiteres Mal mit Ihnen auf die Reise zu gehen!

Im Namen der Verschleierten Göttin:
Die Weise Frau von Eleusis

Glossar

Abstieg in die Dunkelheit
Dieser Ausdruck beschreibt einen Zyklus in der Entwicklung von Initianden, die mit der persönlichen Beziehung zur dunklen Seite zu tun haben. Das Dunkle sind dabei jene Charaktermerkmale, Gewohnheiten, Muster und Karma-Bestandteile, die zum negativen, unvollkommenen Wesen eines Menschen gehören.

Alchemie
Eine Wissenschaft der Chemie, aber in Anwendung auf das menschliche Bewußtsein. Die Alchemie lehrt Menschen, wie sie ihr Bewußtsein auf allen Ebenen der Wirklichkeit verändern, verwandeln und neu gestalten können. In der frühen Geschichte war »Alchemie« ein modischer Ausdruck für »Chemie«. Aber es war auch eine genaue Bezeichnung des eigentlichen Vorgangs. Wenn jemand zu einem Freund sagte: »Ich bin ein Chemiker«, so war klar, daß er eine Tinktur für ein Magenleiden zusammenmischen konnte. Wenn jemand jedoch sagte: »Ich bin ein Alchemist«, dann konnte er eine »Tinktur« für das Bewußtsein eines anderen Menschen zusammenmischen.

Alchemische Hochzeit
Dieser Begriff beinhaltet eine Tradition der Alchemie, der hermetischen Weisheit (der kabbalistischen Mysterien) und des Tantra (der Wissenschaft des kosmischen Feuers). Was in dieser Verschmelzung der männlichen

und weiblichen Polarität (oder Kundalini-Kraft) entsteht, ist die Einheit der göttlichen Schwingung. Wenn die alchemische Hochzeit im Bewußtsein einer Person erreicht wird, so entsteht dadurch eine Öffnung des Herzzentrums, in dem sich die männliche und weibliche Energie des Bewußtseins im Herzen vereinigt, im Herzen göttlich wird und die betreffende Person nicht nur im Inneren göttlich werden, sondern auch mit dem Göttlichen in der Außenwelt verschmelzen läßt.

Die alchemische Hochzeit ist der erste Schritt zur Einheit mit dem Göttlichen – einer Einheit mit Gott oder Göttin. Zuerst muß das Männliche und Weibliche im Selbst verschmelzen, und dadurch entsteht dann die Möglichkeit, daß Menschen mit ihrer eigenen Göttlichkeit in Kontakt treten. Dadurch können sie sich dann mit dem Göttlichen in der ganzen Schöpfung verbinden.

Alchemische Vereinigung

1. Ein Prozeß, in dem jedes beliebige Lebewesen mit einer anderen Energie verschmilzt. Man kann eine alchemische Vereinigung mit dem Bewußtsein von Bäumen, Felsen, anderen Menschen oder Gott erfahren.
2. Meistens wird die alchemische Hochzeit als die Zusammenkunft von Männern und Frauen definiert. Wenn jedoch der Ausdruck der alchemischen Vereinigung verwendet wird, so geht es meistens um die Verschmelzung der inneren mit der äußeren Göttlichkeit. Deshalb ist die alchemische Vereinigung eine höhere Einweihung als die alchemische Hochzeit.

Antike Mysterien

Ein Kompendium von Lehren, das nicht durch Bücher oder sonstige Lektüre vermittelt werden kann, sondern vielmehr durch diverse Erfahrungen, damit die Einheit mit dem Göttlichen hergestellt werden kann.

Archetypus
Gedankenformen, die für die Existenz der Wirklichkeit so fundamental sind, daß sie zu Modellen dafür werden, wie Dinge sein sollten oder sein könnten.

Arkan
Altehrwürdig und geheim.

Astrale Projektion
Die Fähigkeit, die verschiedenen feinstofflichen Körper zu nehmen und sie mit einer bestimmten Schwingungsfrequenz in Zeit und Raum neu zu bilden. Diesen Körper kann man wie ein Raumschiff benutzen, um darin zu reisen. Projektion ist es, wenn man diese »Raumkapsel« auf ein bestimmtes Ziel, einen Ort hinlenkt.

Astralkörper
Ein Energiekörper, der durch die Emotion des Verlangens und die emotionalen Gedankenformen gebildet wird, die von Menschen erzeugt werden. Die astrale Ebene ist eine Kombination von emotionalen Gedankenformen und intellektuellen Gedankenformen, die durch Denken, Bewußtsein, Sehnsüchte und Gefühle gebildet wird.

Astralreisen
Dasselbe wie Astralprojektion.

Athene
Göttin und Archetypus des Wahrheitsbewußtseins, der Liebe und der Erleuchtung, die durch das Universum fließt und zur weiblichen Polarität gehört.

Ätherische Energie
Eine Energie, die höher ist als die elektrische Energie und unmittelbar unter der atomaren Schwingung jenseits der Schwingung des Lichtes liegt. Sie ist die Brükke zwischen den elektrischen und atomaren Teilchen.

Ätherische Reiche
Die Reiche zwischen der Ebene des Mentalen und des Buddhischen. Sie gehören ihrem Wesen nach fast zum Reich der Devas und bestehen aus elektromagnetischen Mustern. Es ist die RNA und DNA aller Existenz und aller Ebenen und Reiche.

Ätherischer Körper
Das elektromagnetische Gewebe, das die Grundlage der Aura bildet. Es beinhaltet ein holographisches Modell von der Existenz der jeweiligen Person. Es ist der Bauplan der Existenzweise, die diese Person in der gegenwärtigen Inkarnation hat.

Atlantis
Eine antike Zivilisation, über die Platon geschrieben hat, der seine Kenntnis wiederum von Solon hatte. Solon behauptete, daß seine Information von ägyptischen Eingeweihten kam. Man glaubt, daß Atlantis eine sehr fortgeschrittene Zivilisation war, und daß seine Einwohner große übersinnliche Fähigkeit und magische Kräfte besaßen. Das gesamte Wissen und die Religionen der Antike soll aus dieser geheimnisvollen Zivilisation stammen. Sie wurde durch eine Katastrophe zerstört.

Atomzeitalter
Es begann, als das erste Atom gespalten wurde. In diesem Akt reagierten alle Atome der gesamten physi-

schen Wirklichkeit mit einer Schwingungsresonanz. Deshalb veränderte sich das Gewebe der physischen Wirklichkeit (d. h. der Zeitmoleküle): es wurde beschleunigt, die Frequenz der Schwingungen nahm zu. Wir bezeichnen dieses Resonanzphänomen als den Beginn des Atomzeitalters. Zum letzten Mal ist das bei der Zerstörung von Atlantis geschehen.

Auferstehung
Die Fähigkeit, das wieder zum Leben zu erwecken, was seinen Zyklus bis zum Tod durchlaufen hat.

Aura
Ein Komplex von verschiedenen Energiefeldern, der durch ein menschliches Wesen erzeugt wird. Dazu gehören die einfachen oder elektrischen Felder von lebendem Gewebe ebenso wie die emotionale, intellektuelle und spirituelle Energie eines Menschen.

Bestimmung
Die Bestimmung von Menschen ist die Aufgabe, die sie in ihrem gegenwärtigen Leben erfüllen wollen und um derentwillen sie sich inkarniert haben. Es ist das gesamte Potential, das Beste, was Menschen geben können, um ihre karmischen Herausforderungen – ihr Schicksal – zu bestehen. Wir müssen uns also alle über das Schicksal oder Karma erheben, um zu unserer Bestimmung zu finden.

Bewußtsein
Die höchste Ebene des mentalen Lebens, dessen eine Person sich bewußt ist. Die Gesamtheit der Intelligenz, der Emotionen, des Mitgefühls und der Außenwahrnehmungen einer Person.

Bilokalisation
Eine andere Form der Astralprojektion, und zwar Neubildung der eigenen Person auf der nichtphysischen Ebene, so, als hätte man dort einen Zwillingsbruder. Gleichzeitig existiert man dabei auf der physischen Ebene weiter, und das träumende Double lebt auf einer anderen Ebene in Zeit und Raum.

Biosphäre der Erdaura
Die planetare Biosphäre ist die Aura der Erde, denn aus allen Lebensformen entspringt elektromagnetische Energie.

Bodhisattva
Ein Mensch, dessen Essenz die Erleuchtung ist. Ein Wesen, das voller Mitgefühl den Eintritt ins Nirvana aufschiebt, um andere zu retten. Im Mahayana-Buddhismus wird ein Bodhisattva als Gottheit verehrt.

Chakra *(Ein Wort aus dem Sanskrit)*
Wörtlich »Rad« oder »Kreis«. Dieser Begriff wird für die feinstofflichen Energiezentren verwendet, die im Energiekörper des menschlichen Organismus entlang der Wirbelsäule angeordnet sind.

Erstes Chakra *(Sanskrit: Muladhara)*
Kundalini-Zentrum an der Basis der Wirbelsäule, das den Vorrat an Lebensenergie einer Person bestimmt. Es strahlt und schwingt in der Farbe Rot.

Zweites Chakra *(Sanskrit: Svadisthana)*
Dieses Chakra bestimmt das emotionale Leben einer Person. Bei Frauen ist dieses Zentrum im Uterus. Bei Männern liegt es in den Keimdrüsen und wird als Willenspunkt bezeichnet. Es strahlt und schwingt in der Farbe Orange.

Drittes Chakra *(Sanskrit: Manipura)*
Das dritte Chakra steuert das intellektuelle Leben. Es liegt im Solar Plexus. Es beeinflußt auch den oberen Verdauungstrakt und die umliegenden Organe. Es strahlt und schwingt in der Farbe Gelb.

Viertes Chakra *(Sanskrit: Anahata)*
Das Herz oder Herzzentrum. Es steuert die Fähigkeit von Menschen, Liebe zu empfangen und zu geben. Es strahlt und schwingt in der Farbe Grün, der Farbe des Wachstums und des Lebens.

Fünftes Chakra *(Sanskrit: Visuddha)*
Es liegt in der Kehle bei der Schilddrüse. Seine Energie steuert den Klang und die menschliche Fähigkeit, sich auf der physischen Ebene auszudrücken, Neues zu erschaffen und zu manifestieren. Es strahlt und schwingt in der Farbe Blau.

Sechstes Chakra *(Sanskrit: Ajna)*
Dieses Chakra wird oftmals als »Drittes Auge« bezeichnet. Mit ihm kann Zeit und Raum und auch die »innere« Wirklichkeit des Selbst gesehen und erfühlt werden. Es strahlt und schwingt in der Farbe Violett.

Siebtes Chakra *(Sanskrit: Sahasrara)*
Es wird oftmals als Kronenchakra bezeichnet, umgibt in Wirklichkeit aber die Zirbeldrüse. Es steuert die Lichtmenge, die ein Mensch in sich aufnehmen kann und bestimmt damit auch das Ausmaß der »Erleuchtung« oder des »Bewußtseins«, das ein Mensch entwickeln kann. Dieses Chakra heißt auch »Tausendblättriger Lotos«. Es strahlt und schwingt in allen Farben – von daher seine weiße Farbe.

Achtes Chakra *(Erdentor)*
Es kann sich überall vom Nabel an bis zum Boden befinden, ist also beweglich. Es fließt. Es verankert einen Menschen in der Inkarnation auf der physischen Ebene und der Erde. Die Farbe, die mit dem achten Chakra assoziiert wird, ist Gold. Es wird von Schamanen und Magiern verwendet, um die die Unterwelt (das Reich des Ätherischen) zu reisen.

Neuntes Chakra *(Geistestor)*
Es liegt irgendwo zwischen sechzig und neunzig Zentimetern über dem Kopf und damit auch auf dem höchsten Punkt der Aura. Seine Farbe ist Silber. Es ist der Punkt, an dem sich ein Mensch mit dem Göttlichen, den kosmischen Ebenen und der nichtphysischen Wirklichkeit verbindet. Das neunte Chakra ist der Weg zu den anderen Welten.

Chakreneinweihungen
Wichtige Zeitpunkte, die in allen Entwicklungsstadien eines menschlichen Wesens vorkommen. (Siehe Chakrenzyklus)

Chakrenzyklus
Menschen haben sieben Hauptchakren, die jeweils einen Zyklus von sieben Jahren bestimmen:

Der Zyklus des ersten Chakras, von der Geburt bis zum 7. Lebensjahr: Es geht um die Anpassung an den physischen Körper und die Umwelt.

Der Zyklus des zweiten Chakras, vom 7. bis zum 14. Lebensjahr: Es geht um die Entwicklung und den Ausdruck von Gefühlen.

Der Zyklus des dritten Chakras, vom 14. bis zum 21. Lebensjahr: Hier geht es um die Festigung der intellektuellen Wirklichkeit und der Identität.

Der Zyklus des vierten Chakras, vom 21. bis zum 28. Lebensjahr: Hier werden persönliche Beziehungen zu anderen Menschen und zu sich selbst erforscht.

Der Zyklus des fünften Chakras, vom 28. bis zum 35. Lebensjahr: Das eigene Schicksal und die eigene Kreativität werden gegenüber der äußeren Welt ausgedrückt.

Der Zyklus des sechsten Chakras, vom 35. bis zum 42. Lebensjahr: Persönliches Karma wird integriert, Vergangenheit und Gegenwart werden zur Einheit gebracht, um ein neues Gefühl für die Zukunft der kommenden Lebenshälfte zu schaffen.

Der Zyklus des siebten Chakras, vom 42. bis zum 49. Lebensjahr: Der spirituelle Sinn des Lebens wird integriert.

Der achte Chakrenzyklus, vom 49. bis zum 56. Lebensjahr: Es geht darum, Spiritualität auf die »Unterwelt« oder innere Dunkelheit eines Menschen zu richten und mit dem Sinn des irdischen Lebens in Einklang zu bringen.

Der neunte Chakrenzyklus, vom 56. bis zum 63. Lebensjahr: Spiritualität wird auf das Streben nach der Beziehung zum Göttlichen im eigenen Inneren gerichtet.

Der zehnte Chakrenzyklus, vom 63. bis zum 70. Lebensjahr: Spiritualität wird auf eine Beziehung zum Göttlichen in der ganzen Schöpfung gerichtet.

Der elfte Chakrenzyklus, vom 70. bis zum 77. Lebensjahr: Erleuchtung und Meisterung aller karmischen Bindungen an die gegenwärtige Inkarnation.

Der zwölfte Chakrenzyklus, vom 77. bis zum 84. Lebensjahr: Hingabe an Erleuchtung und Meisterschaft für das Wohl der Welt.

Channeling und Channeling-Medien
Eine Person, die zuläßt, daß sie zum Medium wird, durch die sich ein höheres Bewußtsein mitteilen kann. (Siehe auch Medium)

Chemische Verwandlung
Veränderung der RNA/DNA-Struktur der Zelle; die Veränderung ihres inhärenten Bewußtseins.

Delphi
Ein Orakelzentrum in Griechenland, das sechstausend bis achttausend Jahre lang ununterbrochen in Funktion war. Ein Ausbildungszentrum für Medien, SeherInnen und ProphetInnen der antiken Welt.

Devas
Dies ist eine Spezies, deren Evolution mit der der Menschen überhaupt nichts zu tun hat, eine ganz andere Spezies also. Auf ihrer niedrigsten Bewußtseinsebene besteht sie aus den fünf Elementen, schreitet dann vom Reich der Mineralien zum Pflanzenreich fort und weiter zu den Elementargeistern (verschiedene Geister von Elementen wie etwa Wassernymphen, Feen, Gnomen, Kachinas, Wettergeistern usw.), bis sie im Reich der Engel ihre höchste Entwicklungsebene findet.

Dharma oder Dharmische Übertragung
Die Übermittlung eines Bewußtseinsschritts von einem Lehrer zu einem Schüler.

Dritte Initiation
Dieser Einweihungsschritt beinhaltet die Überwindung der eigenen mentalen Blockaden.

Drittes Auge
Auch Ajna-Zentrum genannt. Es ist das Chakra, das die Hypophyse bedeckt. Es steuert die Fähigkeit, jenseits von Zeit und Raum zu blicken.

Ebene
Metaphysische Definition. Eine Dimension oder Welt im Raum, die bestimmte Merkmale aufweist. Ein Beispiel dafür ist die »mentale Ebene«, eine Dimension, die aus mentaler Energie besteht.

Ebenen
Siehe »Ebene« oder auch »Reiche«, »Mentalkörper«, »Emotionalkörper« und »Physischer Körper«.

Ego
Ich habe immer gedacht, daß das Ego einfach nur das »Ich« des Selbst ist, jener Teil also, der vollständig individuell und von der Einheit mit Gott abgelöst ist. Das Ego ist die Identität, die man – zum Guten oder zum Schlechten – durch viele Lebenszeiten hindurch erworben hat. Das Ego enthält unseren Stolz, unsere Eitelkeit, unsere Negativität und auch das Positive in uns. Das Ego ist sowohl gut wie auch schlecht – hell und dunkel –, aber oftmals dient es nur dem Selbst.

Elektromagnetische Körper
Dazu gehört das elektromagnetische Meridiansystem im Körper (im Sinne der chinesischen Akupunktur), das Chakrensystem, das Kundalini-System, das Emotionalsystem und die Aura, wie auch die mentale und Ätherische Energie der Aura.

Elementargeister
Das Bewußtsein von kleinen individuellen Lebenseinheiten, aus denen die chemischen Elemente bestehen,

also zum Beispiel das Bewußtsein von Feuer, Wasser, Luft und Äther. Denn in jeder Substanz ist immer auch eine kontrollierende Intelligenz. Diese Intelligenzen kann man aktivieren, und wenn das geschieht, verhalten sich die Elemente, als ob sie lebendig wären. Ihr Bewußtsein bezeichnen wir dann als Elementargeister.

Eleusis
Antike Mysterienschule und Einweihungszentrum, das 3000 Jahre lang in Betrieb war. Die Einweihungsrituale nannte man die »Mysterien der Demeter«, sie waren aber auch nach den Initiationsritualen der Isis gestaltet. Im großen und ganzen glichen sie denen, die in der Großen Pyramide in Ägypten vollzogen wurden. Eleusis galt nicht nur als Mysterienschule, sondern auch als Ort, zu dem PriesterInnen, HeilerInnen, Medien und SeherInnen gingen, um sich weiter ausbilden zu lassen.

Emotionalkörper
Jenes Energie»gefäß«, das die tiefen Urinstinkte einer Person enthält, außerdem aber auch Emotionen einer höheren Ebene, die man als Verlangen und Sehnsucht bezeichnen könnte. Wenn jemand sein Karma löst und reinigt, so befreit er seinen Emotionalkörper von Verletzungen, Traumata und Ängsten, die sich nicht nur in diesem Leben, sondern auch in früheren Leben angesammelt haben.

Erleuchtung
In der Geschichte wurde Erleuchtung als der Zeitpunkt definiert, an dem ein Mensch die Einheit mit dem Göttlichen erlangte. In der heutigen Zeit wurde Erleuchtung neu definiert, und zwar als die Fähigkeit, zu jeder Zeit den Zugang zum göttlichen Bewußtsein zu finden.

Esoterisch
Ein anderes Wort für »metaphysisch«. »Metaphysisch« bedeutet einfach nur die Erforschung der Beziehung zwischen dem Göttlichen und der Realität der physischen Ebene.

Evolution
In diesem Buch wird Evolution als unausweichliches Wachstumsmuster definiert, nach dem alle Wesen in ihrem spirituellen, mentalen, emotionalen und physischen Leben streben. Und das Ziel dieses Strebens ist die Erleuchtung oder die Einheit mit dem Göttlichen.

Ewig Weibliches
Bevor es einen Gott gab, mußte es eine Göttin geben.

Extrakorporelle Erfahrung
Wenn man aufhört, mit dem Bewußtsein in der physischen Ebene verankert zu sein und zum Traumkörper beziehungsweise der astralen Ebene aufsteigt, so ist dies immer eine extrakorporelle Erfahrung.

Feinstoffliche Körper
Ein anderes Wort für die Energiekörper, also den mentalen, emotionalen, spirituellen und ätherischen Teil der Aura.

Fische-Zeitalter
Ein Zeitalter, das astrologisch durch den Aufstieg und die Vorherrschaft von »Individuen« als Bewußtseinsführern geprägt ist. Im Zeitalter des Wassermanns dagegen sind es die Ideen, die Bewußtsein und Wissen leiten.

Funke der Göttlichkeit oder Ewige Flamme
Der Funke des Göttlichen wird oftmals als Ewige Flamme bezeichnet. Es ist jenes Stückchen Göttlichkeit, das wir alle in uns tragen, jener Teil von uns, der immer vollkommen und erleuchtet ist.

Gaia
Der Name für den Geist oder das Bewußtsein, das dem Planeten Erde innewohnt.

Gedankenform
Ein Stück Emotion, Glauben, Meinung, Vorstellung, karmische Erinnerung oder eine versteinerte Seinsweise, die sich so verfestigt hat und der jeweiligen Person so sehr anhaftet, daß sie ein eigenes Leben annimmt oder zu einer Blockade wird, die entfernt werden muß.

Geheimes Wissen
Damit ist ein Wissen über die Geheimnisse des Universums gemeint, deren Verständnis zur Erleuchtung führt.

Geistige Lehrer und Führer
Wesenheiten und Bewußtsein, die alle Wesen auf dem Weg zur Erleuchtung und Einheit mit dem Göttlichen unterstützen.

Geophysikalischer Wirbel
Es gibt Orte auf der Erde, an denen sich die Energien mit bestimmten Energien von verschiedenen Zeit- und Raum-Ebenen verbinden. Diese Kraftzentren werden als geophysikalische Wirbel bezeichnet.

Gesetz von Ursache und Wirkung
Jede Ursache, die ins Universum hinausgeschickt wird – sei es auf der Ebene des Mentalen, Emotionalen, Spiri-

tuellen oder Physischen – zieht eine Wirkung nach sich. Wenn man gute Ursachen ausstreut, so entstehen gute Wirkungen. Wenn man schlechte Ursachen, schlechte Energien sät, dann geschehen schlechte Dinge. Und genauso, wie es Graunuancen zwischen dem Schwarz und Weiß von Gut und Böse gibt, so gibt es auch »Ursachen«, die unterschiedliche Wirkungen nach sich ziehen.

Gott/Göttin

Gott oder Göttin ist Teil einer Dreiheit. Das Göttliche besteht aus drei Teilen: dem männlichen, dem weiblichen und dem Resultat, das aus der Begegnung zwischen dem Männlichen und dem Weiblichen entspringt. Dieser dritte Aspekt ist die Liebe, die aus der alchemischen Hochzeit hervorgeht, und das ist das Göttliche.

Göttlich/Gottheit

»Göttlich« bezeichnet einen Bewußtseinszustand, in dem die ganze Schöpfung beinhaltet ist – alles Wissen, alle Wesenheiten sind eins. Wenn man Göttlichkeit erreicht, so ist man imstande, mit dem Universum und der Schöpfung eins zu werden. Gottheit ist jene Uressenz des Göttlichen, die sich nie verändert. Sie ist Vollkommenheit – die Urquelle jeglicher Schöpfungsessenz.

Göttliches Bewußtsein

Der Strom oder die Essenz des Universums und seiner schöpferischen Intelligenz. Menschen sehnen sich nach Kommunikation mit dem göttlichen Bewußtsein, und sie bezeichnen diese Kommunikation als »Erleuchtung«.

Große Mutter
Ein Wort, das früher verwendet wurde, um die Gottheit einer antiken Religion zu beschreiben, die auf Ritualen, Zeremonien und Verehrung für und von Gaia, der »Großen Mutter« (bzw. der Natur als Gottheit) beruhte.

Gruppenbewußtsein
1. Eine Gruppe von Individuen, die in derselben Generation geboren wurden und durch ihre gemeinsamen zeitbedingten Erfahrungen verbunden sind.
2. Eine Gruppe von Individuen, die mit derselben Bewußtseinsebene und/oder mit spiritueller Erleuchtung geboren wurden.

Heilige Besessenheit
Ein antiker Ausdruck für Medialität.

Heiliger Geist
Die Essenz des Göttlichen, die man anzapft, um vom Göttlichen erfüllt zu werden und sich mit ihm zu vereinigen. Und wenn man sich mit dem Heiligen Geist verbindet, so verbindet man sich oftmals gerade mit der weiblichen Polarität des Göttlichen.

Heiliges Feuer
Ein anderer Ausdruck für die Kundalini-Kraft.

Hierarchie
Nach eine Definition von H. P. Blavatsky und Alice Bailey ist dies eine Gemeinschaft von Wesenheiten, also von bewußtseinsbegabten Wesen, die die Evolution des Planeten und der Menschheit begleiten, damit beide ihren rechtmäßigen Platz als Widerspiegelung des Göttlichen im Universum einnehmen können.

Höhere Mysterien
Die Einheit mit dem Göttlichen im eigenen Selbst; eine Öffnung des Herzchakras, und die Verschmelzung mit der Einheit des Universums.

Hüter der Schwelle
Dies ist ein Ausdruck, der in den Büchern von Alice Bailey über die Tibeter benutzt wurde. Der Hüter der Schwelle ist der unvollkommene Teil einer Person – alles, was übrigbleibt, wenn man gestorben ist und durch die Pforte des Todes gehen will; dann trifft man den Hüter der Schwelle – das vollkommene Spiegelbild des eigenen Selbst. Der Hüter der Schwelle stellt also lediglich alle emotionalen und mentalen Gedankenformen und Bewußtseinsaspekte dar, die im Bewußtsein dieser Person zurückgeblieben ist. Wenn man ihnen ins Auge blicken, sich selbst vergeben, sie akzeptieren und loslassen kann, so löst sich der Hüter der Schwelle wie Rauch in einem Spiegel auf, und man schreitet zu einer höheren Ebene fort.

Ida
Der Name der weiblichen Kraft, die an der Wirbelsäule nach oben fließt. Ihre Farbe ist weiß, und sie ist mit den lunaren Energien des Universums verbunden.

Individuelles Bewußtsein
Die Gesamtheit aller mentalen, emotionalen und spirituellen Bewußtseinsprozesse einer Person, und darüber hinaus auch noch die »verborgene« Geschichte aus vergangenen Leben.

Initiand(in)
Eine Person, die erleuchtet werden möchte und die Handlungen und Gedanken in ihrem Leben auf dieses Ziel ausrichtet.

Initiationsrituale
Das sind die Prozesse, Rituale und Zeremonien, die von Initianden vollzogen werden, um den Zugang zum Göttlichen zu finden.

Initiationsweg
Die Abfolge der Ereignisse, die es den Suchenden erlauben, zu jedem Zeitpunkt und auf den vielen verschiedenen Ebenen ihres Lebens mit dem Göttlichen in Kontakt zu treten.

Inkarnation, sich inkarnieren
»Inkarnation« oder »sich inkarnieren« bedeutet, daß man einen Körper annimmt, um ein Leben auf der physischen Ebene führen zu können.

Inneres Selbst
Eine Synthese von Ego, Herz, Intellekt und Emotionen, die die Identität des Individuums ausmacht.

Involution
Das Gegenteil von Evolution; es sind die Kräfte des Chaos, die das zerbrechen, was geformt wurde, so daß es wieder formlos wird.

Isis
Die ägyptische Große Mutter. Sie war auch der dreifache Aspekt von Jungfrau und Geliebter, Mutter und weiser alter Frau. Isis ist die ägyptische Version der griechischen Göttin Demeter. Im Fische-Zeitalter galt Isis als der Name des großen weiblichen Prinzips, welches das ganze Universum durchzog. Im Zeitalter des Wassermanns ist es der Name der griechischen Göttin »Athene«.

Kali Yuga
Das Zeitalter, in dem wir gegenwärtig leben; das Zeitalter des »Feuer«prinzips – wenn Feuer freigesetzt wird, wegbrennt und reinigt, so daß die Energie sich wieder erneuern kann. Was falsch oder unecht ist, was Energie braucht, um sich zu erneuern, wird im Zeitalter des Kali Yuga vernichtet und wiedergeboren. Denken und Gefühle von vielen Menschen explodieren förmlich mit der Energie des Feuers, und dies zeigt sich an all der Gewalt, den Zusammenstößen und Explosionen. Das sind die Kennzeichen des Kali Yuga.

Karma oder karmischer Zyklus
Karma resultiert aus dem Gesetz von Ursache und Wirkung. All jene Muster, Ereignisse, Erinnerungen oder Gedankenformen sind Karma, die aufgrund irgendeiner rachsüchtigen Handlung, eines Traumas oder einer Schuld entstanden sind. Das eigene Karma zu reinigen heißt einfach nur, daß man alle emotionalen, mentalen, physischen oder spirituellen Bindungen losläßt, die der Einheit mit dem Göttlichen im Wege stehen. Diese Einheit setzt das göttliche Feuer frei, durch das alles Karma gereinigt wird. Ein karmischer Zyklus ist ein Stadium, in dem eine Person versucht, sich mit einem ganz bestimmten Karma auseinanderzusetzen, es zu klären.

Kausale Wirklichkeit
Es gibt zwei gebräuchliche Definitionen der Kausalebene. Die erste Definition meint diejenige, die oftmals als buddhische Ebene bezeichnet wird. Das ist der Ort, an dem Existenz und die Definition der Existenz erzeugt wird. Mit anderen Worten, die Idee einer Blume kommt von der kausalen buddhischen Ebene. Auf dieser Ebene schuf Gott die Wirklichkeit. Daß diese Schöpfung an-

geblich in sieben Tagen vollzogen wurde, bedeutet nichts anderes, als daß sie auf sieben Ebenen stattfand. Wenn Ideen aus dem Göttlichen in die Kausalebene gebracht werden, so manifestiert sich Schöpfung.

Die zweite Definition meint einfach nur »physische Realität«.

Kleinere Mysterien

Die Fähigkeit von Menschen, ihre eigene Psychologie zu meistern und sich gleichzeitig auf die Zyklen und Mysterien der Erde selbst einzustimmen. Die kleineren Mysterien betreffen die Geburt, das Leben, den Tod und die Selbsterneuerung. Die Höheren Mysterien beinhalten die Öffnung des Herzens und die Vereinigung mit dem Göttlichen.

Kundalini (Shakti)

Die Lebenskraft oder die inneren Körperfeuer, die sich aus der weiblichen (Ida) und männlichen (Pingala) Energie zusammensetzen. Das Symbol der Kundalini sind zwei gekrönte Schlangen, die sich um einen Stab in der Mitte, den »Caduceus« ringeln. Der Aufstieg der Kundalini vom untersten Chakra zum Kronenchakra führt zur Erleuchtung.

Labyrinth

Das »Haus der Doppelaxt« – der ursprüngliche Name für einen unterirdischen Tempel, der in Form einer Spirale oder eines Irrgartens angelegt war. Dieses Muster brachte die Initianden von der äußeren Welt ins Zentrum des Kosmos und wieder zurück. Das Labyrinth war die Reise vom Mikrokosmos zum Makrokosmos und wieder zurück zum »inneren Mikrokosmos«, und dabei verwendeten die Initianden ihren Körper und den Körper der Erde als Muster. Das Wort »Labyrinth« kommt von »labrys« (einer Axt mit zwei Schneiden), und dieses Symbol beinhaltet die beiden Polaritäten des Weiblichen und Männlichen.

Lebensenergie
Dasselbe wie Kundalini-Kraft.

Liebe-Wahrheit-Schwingung
Die Schwingung der Wahrheit bahnt den Weg, damit Liebe existieren kann. Die Schwingung der Liebe ist immer auch Wahrheit. Mit anderen Worten: die Wahrheit wohnt immer in Liebe, die Schwingung der Wahrheit lebt in der Schwingung der Liebe. Dabei geht es letztlich um eine Erweiterung der Definition von Liebe: Erleuchtetes Bewußtsein kann auch als die Schwingung der Liebe und Wahrheit bezeichnet werden.

Lunare Einweihung
Alle Herausforderungen und Prozesse, die sich auf die Reinigung des Emotionalkörpers und seines Karmas auf allen Ebenen der Existenz beziehen.

Männliche Polarität
Siehe Polarität.

Materielle Welt
Ein anderes Wort für die physische Ebene.

Matriarchat
Ein Regierungssystem und eine Kultur, die sich auf die Vorherrschaft des Weiblichen gründet.

Medium
Eine Person, die es zuläßt, daß sie zum Kanal wird, durch den ein Geistwesen sprechen kann, die Ereignis-

se der Vergangenheit, Gegenwart und Zukunft sehen, wissen und hören kann, und daraus Informationen zu beziehen vermag. (Siehe auch »Channeling«)

Menschliches Bewußtsein
Die Gesamtheit aller mentalen, emotionalen und spirituellen Bewußtseinsprozesse, durch die sich Menschen von anderen Lebensformen unterscheiden.

Mentalkörper
Das Energiegewebe, in dem alle Gedanken, Gedankenformen, Erinnerungen und mentalen Prozesse eines Menschen enthalten sind.

Metaphysik
Die Erforschung der Beziehung zwischen dem Göttlichen und der physischen Wirklichkeit.

Monade
Das individuelle Atom, das den göttlichen Funken, die göttliche Flamme in sich enthält; das Stück Gott oder Göttin in uns.

Muttergöttin
Ein antiker Name für die weibliche Gottheit.

Mysterienschulen
Ein Ort, an dem man das Wesen des Göttlichen und die eigene Beziehung zu diesem Göttlichen erforschen konnte.

New Age
Oftmals als Synonym mit dem Zeitalter des Wassermanns gebraucht. Es ist die Vorstellung von einem neuen Zeitalter in der Geschichte der Menschheit und

unseres Planeten, in dem alle Wesen und Existenzebenen Erleuchtung erlangen.

Orakelpriesterinnen
So bezeichnet man die Personen, die in der Antike als Medien fungierten.

Patriarchat
Ein Herrschaftssystem und eine Kultur, die sich auf die Vorherrschaft des Männlichen gründet.

Pingala
Die Bezeichnung für die männliche Kraft, die an der Wirbelsäule nach oben fließt. Ihre Farbe ist rot, sie ist mit den solaren Energien der Erde verbunden.

Planetares Bewußtsein
1. Die immanente Persönlichkeit des Planeten, »Gaia« genannt.
2. Das Bewußtsein eines Menschen von seiner oder ihrer Beziehung zu Gaia.

Polarität – männlich/weiblich, göttliche Polarität
Das esoterische Wissen definiert die physische Ebene als Synthese von drei Polaritäten: dem Männlichen, dem Weiblichen, und einer dritten, die oft als androgyne oder göttliche Energie bezeichnet wird. Diese drei Polaritäten bilden zusammen die physische Ebene und sind auch die Grundlage von vielen verschiedenen Existenzebenen bis hinauf zu den höchsten Ebenen.

Psychometrie
Die Kunst, einen Gegenstand zu berühren und aufgrund der Schwingung, die er ausstrahlt, Aussagen über ihn zu machen.

Rad der Wiedergeburt
Ein Bild aus dem Buddhismus, das die Vorstellung enthält, daß ein Mensch viele Leben lebt, um physische, mentale, emotionale und spirituelle Erleuchtung zu erlangen. Wenn eine Person kein Karma mehr hat, wenn sie selbst verziehen hat, mit dem Göttlichen eins geworden und das Herz geöffnet hat, so fühlt sie sich nicht mehr von der physischen Ebene angezogen, die ja eigentlich ein Feld für Prüfungen im Streben nach Vollkommenheit ist. Vom Rad der Wiedergeburt auszusteigen bedeutet einfach nur, daß man kein Leben auf der physischen Ebene mehr hat – daß man in Einheit mit dem Göttlichen weilt.

Reiche
Eine Dimension, ein Raum oder eine Zone. Man kann statt dessen auch »Ebenen« sagen. Als Beispiel: »Das Reich des Denkens«.

»Ring-Pass-Not«
Ein von Alice Bailey verwendeter tibetischer Ausdruck für die äußeren Grenzen der Biosphäre oder der Aura der Erde. Man kann diese Aura nicht verlassen, bevor man nicht sein Karma aufgelöst und das Rad der Wiedergeburt verlassen hat.

Saturnwiederkehr
Ein Ausdruck aus der Astrologie. Er beschreibt den Übergang (Transit) des laufenden Saturn über die Saturnposition des Geburtshoroskops.

Schicksal
Der griechischen Definition zufolge beinhaltet der Begriff des Schicksals folgende Aspekte: Wann und wo man geboren ist, und in welcher Form man auf die Welt

kommt; die Qualität des Lebens, die Zeit und die Art des Todes. Die moderne Definition von »Schicksal« ist einfach das Karma, in das man hineingeboren wurde, mit Aspekten wie etwa Rasse, Geschlecht, ökonomische Situation, Nationalität, Kultur, Elterneinflüsse und Umwelteinwirkungen. Das sind alles Aspekte, über die man sich erheben kann, die man umwandeln kann. Wenn man das eigene Schicksal gemeistert hat, dann ist man frei, um über sich selbst zu bestimmen, beziehungsweise der eigenen Bestimmung zufolge zu leben.

Schleier der Isis
Ein symbolischer Ausdruck für die Grenze zwischen der physischen Ebene und der nichtphysischen Ebene des Geistes. Dabei geht es auch um die Fähigkeit, in die inneren spirituellen Welten und Wirklichkeiten der Menschen und des Universums hineinzublicken – und zwar als Gegensatz zur bloßen Immanenz in der physischen Realität. Den Schleier der Isis zu zerreißen, bedeutete also, die echten Ursachen und Wirkungen des Kosmos zu verstehen.

Seele
Die Seele eines Menschen ist das Gesamt aller Information und aller Identitäten aus allen Lebenszeiten dieses Menschen. In gewissem Sinne ist die Seele das Erinnerungsdepot – für Vergangenheit, Gegenwart und Zukunft – eines Individuums.

Seelenschale
Sie enthält die Seele, den Geist und die Monade.

Seher(in)
Ein anderes Wort für »Medium« oder Orakelpriester(in).

Shaktipat
Der Aufstieg der Kundalini-Energie entlang der Wirbelsäule. Lehrer oder Meister geben ihren Anhängern oftmals »Shaktipat«: Sie stimulieren den Aufstieg der Kundalini-Energie bei ihren Schülern dadurch, daß sie einen Ausstoß ihrer eigenen Kundalini-Energie in das Dritte Auge der Schüler übermitteln.

Shushumna
Der mittlere Kanal entlang der Wirbelsäule, der in sich Ida und Pingala enthält. Shushumna hat eine Beziehung zur Wirbelsäule.

Spiritueller Körper
Jener Teil des menschlichen Wesens, der göttliche Energien in sich trägt; eine Synthese von Seele, Geist und Monade.

Spiritueller Weg
Ein Ensemble von Werten, Gesetzen, ethischen Normen, Verhaltensregeln und Entscheidungen, die Menschen den regelmäßigen Zugang zur inneren und äußeren Göttlichkeit ermöglichen.

Telepathie
Die Fähigkeit von zwei Wesen, spontan von Bewußtsein zu Bewußtsein quer durch Zeit und Raum zu kommunizieren.

Themis
Eine Göttin aus dem antiken Griechenland, und zwar eine Göttin der Urzeit. Sie war Gaias Schwester und stellte die Ordnung des Universums dar. Dazu gehörten auch die Gesetze von Ursache und Wirkung und das Gesetz des Karma. Die ägyptische Entsprechung dazu war die Göttin »Maat«.

Traumkörper
In der westlichen metaphysischen Tradition wird er oft als Astralkörper bezeichnet. Der Ausdruck »Traumkörper« wird oftmals in der Kosmologie der indianischen Einwohner von Nord-, Mittel- und Südamerika verwendet. Der Traumkörper ist die Essenz des Bewußtseins, das während der Nacht den physischen Körper verläßt und in der Traumzeit oder der astralen Zeit wandert. Dieser Prozeß findet keineswegs nur im Schlafzustand statt. Manche Menschen glauben, wenn sie den Ausdruck »Traumkörper« hören, fälschlicherweise, daß er nur während eines Traumes oder im Schlafzustand existiert. In Wirklichkeit jedoch verwendet man den Traumkörper, wenn man in der Meditation eine Astralprojektion oder Astralreise unternimmt.

Unbewußtes
Jener Teil der Psyche, der als Gedächtnisspeicher benutzt wird, außerdem auch andere Teile, darunter die übersinnlichen Fähigkeiten und die Urinstinkte.

Unterirdische Ausbildungsprozesse
Dadurch wurden die übersinnlichen Fähigkeiten der Initianden geschult. Meist wurden sie in dunklen, unterirdischen Höhlen abgehalten.

Vernunftbegabte Wesen
Die buddhistische Definition für alle Wesen oder Energien, die Bewußtsein haben oder sich auf dem Weg der Evolution befinden.

Verschleierte Mysterien
Ein anderes Wort für die alten Mysterienschulen und ihre Vorgehensweisen.

Wassermannzeitalter
Es wird oft als das goldene Zeitalter der Menschheit bezeichnet, in dem Utopien wahr werden und das Paradies auf Erden wiedererstehen wird. In Wirklichkeit ist es eine Zeit, in der Illusionen gelüftet werden, und die Wahrzeit zutage tritt. Es ist eine Zeit voll von Chaos und Umwälzungen, von Reinigung, Taufe und Wiedergeburt. Das Zeitalter des Wassermanns ist die Zeit, in der sich die Menschheit erhebt und zur Mitschöpferin der kosmischen Wirklichkeit wird. Und dabei werden sich die Grenzen von Zeit und Raum von neuem öffnen – wie in der Zeit vor Adam und Eva.

Weibliche Polarität
Siehe »Polarität«.

Weiblicher Einweihungsweg
Dieses Buch ist eine Beschreibung dieses Weges.

Weise Frau
Der antike Titel für eine weibliche Eingeweihte, die die spirituelle Meisterschaft erlangt hat. Außerdem kann damit einfach irgendeine Weise Frau gemeint sein.

Wesenheiten
Ein oft verwendetes Wort für Wesen, die keinen physischen Körper haben. Es beschreibt einfach nur ein Bewußtsein, das lebt und auf einer anderen Ebene, vor allem einer nichtphysischen, existiert.

Wie oben, so unten
Kein veraltetes Klischee, sondern im Grunde ein Gesetz der Physik. Jedes Stück der Wirklichkeit wird in allen anderen Dimensionen und Existenzebenen widergespiegelt. Wenn etwas auf der physischen Ebene wahr

ist, dann gibt es auch eine Entsprechung auf der spirituellen, emotionalen oder einer sonstigen Ebene der Existenz.

Zeit-Kontinuum
Das Zeitkontinuum ist als Zeitlinie definiert, die Vergangenheit, Gegenwart und Zukunft verbindet.

Zweimal-geboren
Ein alter griechischer Ausdruck, der besagte, daß jemand die Tempeleinweihungen von Eleusis erlebt hatte. Es ist eine Anspielung auf die symbolische Wiedergeburt eines Initianden in das Leben des spirituellen Bewußtseins.

Zwölf-Punkte-Programm
Eine Reihe von Prozessen, die Mitglieder der Anonymen Alkoholiker und verschiedene andere Gruppen durchlaufen, um zu Erleuchtung zu gelangen.

Band 70103

Gerhard Buzzi

Indianische Heilgeheimnisse

Der Autor erzählt in diesem Buch über seine Erlebnisse mit »Großvater«, einem Heiligen Mann der Lakota-Sioux. Tauchen Sie ein in die spirituelle Welt der Indianer, lernen Sie jahrtausendealte Heilriten und Zeremonien kennen. Medizinmänner der Lakota sind »wakan«, weil sie heilende Kräfte besitzen. Machen Sie sich all diese Kräfte zunutze. Durch Visionen bringen sich die Indianer dem Schöpfer nahe – erlernen Sie ihre Gebete und begeben Sie sich auf eine Schamanen-Reise. Wenn Geister über die Köpfe der Menschen tanzen, ist Heilung nahe. Tanzen Sie mit!

Band 70101

Penny McLean

Das unsichtbare Dritte

Jeder Mensch erzeugt durch sein Verhalten ein spezielles Energiefeld, das sich auf ihn selbst und auf seine Umgebung positiv und negativ auswirkt. Wenn aus Individualfeldern Mischfelder entstehen, tritt jenes »unsichtbare Dritte« auf den Plan, das zu Chaos, aber auch zu Erfüllung und Glück führen kann.
Penny McLean lehrt, wie man – vor allem in der Partnerschaft –das »unsichtbare Dritte« erfährt, es positiv einsetzt und somit der Manipulation von innen und außen entgeht. Mit dieser Erkenntnis läßt sich auch mit dem »ältesten Problem der Welt«, der Liebe, besser umgehen, so daß man von nun an die damit verbundenen Ängste und Komplikationen vergessen kann. Es eröffnen sich neue Möglichkeiten der Begegnung, des Verstehens und des Vertrauens.

Band 70102

Volker Christmann

Die Siegel des Lotus

Dieses Buch beschäftigt sich mit einer uralten und nahezu verschollenen Wissenschaft – den Siegeln des Yoga. Der Autor schildert in diesem außergewöhnlichen Werk, wie er in den Bergen des Himalaya, in Indien, Nepal und Ladakh auf seine Lehrer traf und deren Wissen kennenlernen durfte. Diese »Siegel des Lotus« verbinden Körperhaltungen, Atemübungen und bewußte Beeinflussung innerer Organe, um Körper, Geist und Seele zu harmonisieren und so zu wahrer Gesundheit zu führen. Volker Christmann beschreibt sowohl Theorie als auch Praxis dieser Yoga-Übungen. Zahlreiche Abbildungen erleichtern das Erlernen.

BASTEI
LÜBBE